CADERNO DE ATIVIDADES

Organizadora: Editora Moderna
Obra coletiva concebida, desenvolvida e produzida pela Editora Moderna.

Editoras Executivas:
Maíra Rosa Carnevalle
Rita Helena Bröckelmann

5ª edição

© Editora Moderna, 2018

Elaboração dos originais:

Carolina Domeniche Romagna
Bacharel em Química pelo Instituto de Química da Universidade de São Paulo. Mestre em Ciências – área de concetração Bioquímica – pelo Instituto de Química da Universidade de São Paulo. Editora.

Daniel Hohl
Licenciado em Física pela Universidade de São Paulo. Editor.

Flávia Ferrari
Bacharel em Ciências Biológicas pelo Instituto de Biociências da Universidade de São Paulo. Professora.

Coordenação editorial: Maíra Rosa Carnevalle, Rita Helena Bröckelmann
Edição de texto: Dino Santesso Gabrielli, Tatiani Donato, Artur Guazzelli Leme Silva
Gerência de *design* e produção gráfica: Sandra Botelho de Carvalho Homma
Coordenação de produção: Everson de Paula, Patricia Costa
Suporte administrativo editorial: Maria de Lourdes Rodrigues
Coordenação de *design* e projetos visuais: Marta Cerqueira Leite
Projeto gráfico e capa: Daniel Messias, Otávio dos Santos
Pesquisa iconográfica para capa: Daniel Messias, Otávio dos Santos, Bruno Tonel
  Fotos: Floral Deco/Shutterstock; Don Farral/Photodisc/Getty Images; Monty Rakusen/Getty Images
Coordenação de arte: Carolina de Oliveira
Edição de arte: Ricardo Mittelstaedt
Editoração eletrônica: Essencial Design
Coordenação de revisão: Maristela S. Carrasco
Revisão: Ana Maria C. Tavares, Cárita Negromonte, Cecília Oku, Fernanda Marcelino, Renata Brabo, Rita de Cássia Sam
Coordenação de pesquisa iconográfica: Luciano Baneza Gabarron
Pesquisa iconográfica: Flávia Morais
Coordenação de *bureau*: Rubens M. Rodrigues
Tratamento de imagens: Fernando Bertolo, Joel Aparecido, Luiz Carlos Costa, Marina M. Buzzinaro
Pré-impressão: Alexandre Petreca, Everton L. de Oliveira, Marcio H. Kamoto, Vitória Sousa
Coordenação de produção industrial: Wendell Monteiro
Impressão e acabamento: Ricargraf
Lote: 277921

Imagem de capa
Paciente em aparelho de ressonância magnética; as imagens formadas por esse aparelho podem ser enviadas a aparelhos como *smartphones*. O avanço da tecnologia médica propicia, atualmente, diversas maneiras de analisar o corpo humano e de transportar e mostrar os resultados dessas análises.

Dados Internacionais de Catalogação na Publicação (CIP)
(Câmara Brasileira do Livro, SP, Brasil)

Araribá plus : ciências naturais : caderno de atividades / obra coletiva concebida, desenvolvida e produzida pela Editora Moderna ; editoras executivas Maíra Rosa Carnevalle, Rita Helena Bröckelmann. – 5. ed. – São Paulo : Moderna, 2018.

Obra em 4 v. para alunos do 6º ao 9º ano.

1. Ciências (Ensino fundamental) I. Carnevalle, Maíra Rosa. II. Bröckelmann, Rita Helena.

18-15784   CDD-372.35

Índices para catálogo sistemático:
1. Ciências : Ensino fundamental 372.35

Cibele Maria Dias – Bibliotecária – CRB-8/9427

ISBN 978-85-16-11249-3 (LA)
ISBN 978-85-16-11250-9 (LP)

Reprodução proibida. Art. 184 do Código Penal e Lei 9.610 de 19 de fevereiro de 1998.
Todos os direitos reservados
EDITORA MODERNA LTDA.
Rua Padre Adelino, 758 – Belenzinho
São Paulo – SP – Brasil – CEP 03303-904
Vendas e Atendimento: Tel. (0_ _11) 2602-5510
Fax (0_ _11) 2790-1501
www.moderna.com.br
2019
Impresso no Brasil

1 3 5 7 9 10 8 6 4 2

SUMÁRIO

UNIDADE 1 Propriedades da matéria 4

UNIDADE 2 Substâncias, misturas e reações químicas 16

UNIDADE 3 Eletricidade e magnetismo 25

UNIDADE 4 Dinâmica 35

UNIDADE 5 Ondas: som e luz 44

UNIDADE 6 Genética 52

UNIDADE 7 Evolução biológica 59

UNIDADE 8 Terra e Universo 65

UNIDADE 1 PROPRIEDADES DA MATÉRIA

RECAPITULANDO

- **Propriedades gerais da matéria** são aquelas comuns a todo tipo de corpo e **propriedades específicas da matéria** são aquelas que dependem do tipo de material.
- **Massa** é a quantidade de matéria presente em um corpo. O **volume** é o espaço que o corpo ocupa.
- A **densidade** é a relação entre a massa e o volume de um material.
- A matéria pode ser encontrada em alguns estados físicos, como **sólido**, **líquido** e **gasoso**.
- As mudanças de estado físico são influenciadas pela **pressão** e pela **temperatura**.
- As **temperaturas de fusão** e **de ebulição** podem ser usadas para identificar se uma amostra é uma substância pura ou uma mistura.
- Os **modelos atômicos** de Dalton, Thomson, Rutherford, Rutherford-Bohr e Shrödinger foram propostos para explicar propriedades da matéria. De maneira simplificada, um átomo é composto de um **núcleo** com **prótons** (partículas com carga positiva) e **nêutrons** (partículas com carga neutra) e apresenta **elétrons** (partículas de carga negativa) ao seu redor.
- Em um átomo, **Z** representa o número de prótons ou número atômico e **A** representa o número de massa, que é a soma de prótons e nêutrons. Quando um átomo é eletricamente neutro, o número de elétrons é igual a **Z**.
- Os **íons** perdem elétrons e ficam positivos (**cátions**) ou recebem elétrons e ficam negativos (**ânions**). Assim, eles apresentam carga elétrica.
- **Elemento químico** é o conjunto de todos os átomos de mesmo Z.
- Na **Tabela Periódica**, os elementos químicos são posicionados em ordem crescente de Z.
- As **ligações químicas** podem ser do tipo **iônica** – geralmente entre cátions de metais e ânions de não metais –, **covalente** – entre não metais – e **metálica** – entre metais.

1. Complete o diagrama com as seguintes palavras: impenetrabilidade, matéria, material, densidade, material, lugar, geral, massa, específica, corpo.

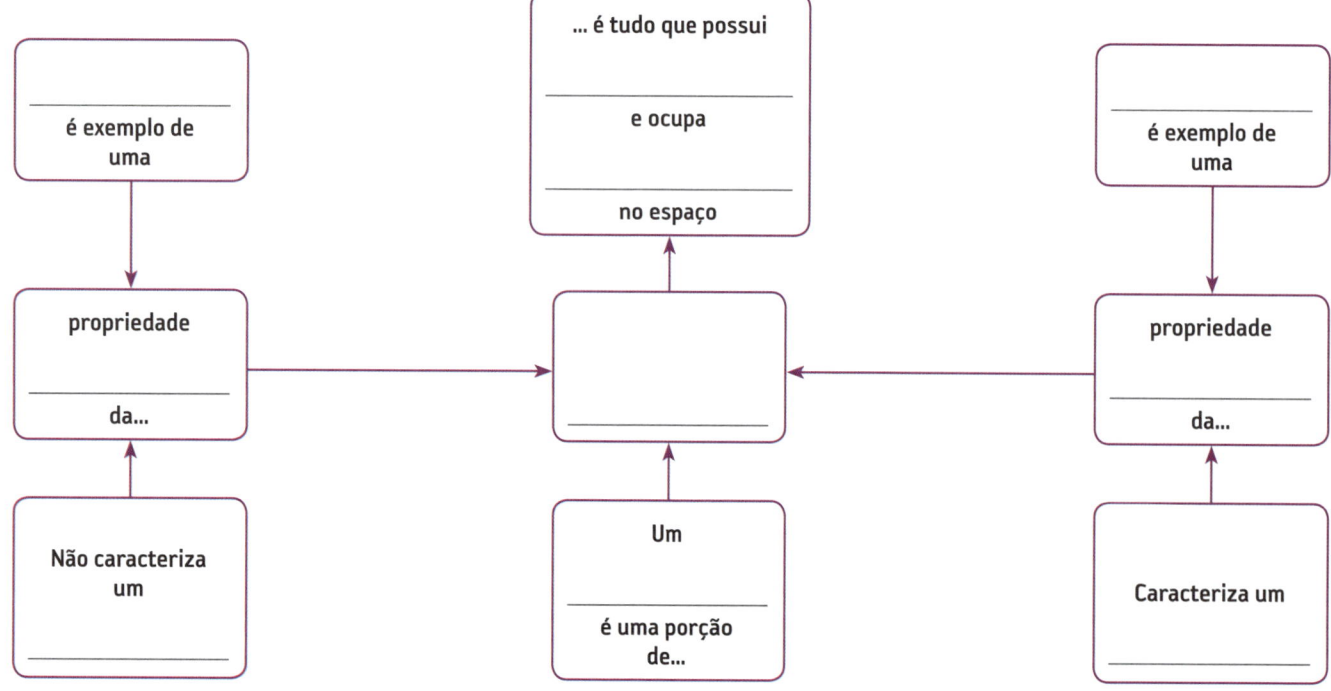

2. Analise os dados apresentados no quadro e faça o que se pede.

Material	Massa da amostra (g)	Volume da amostra a 25 °C (cm³)
Acrílico	236	200
Polipropileno	47,3	50
Álcool etílico	236,7	300
Óleo de soja refinado	44,55	50
Óleo de mamona	57,06	60

a) Calcule a densidade dos materiais presentes no quadro.

b) Indique qual é o material mais denso e qual é o menos denso.

c) Sabendo que o polipropileno e o acrílico são sólidos em temperatura ambiente e o álcool e os óleos são líquidos, indique se o sólido boia ou afunda em cada uma das misturas a seguir.

- O polipropileno no álcool

- O polipropileno no óleo de soja

- O polipropileno no óleo de mamona

- O acrílico no álcool

3. Leia a tirinha e faça o que se pede.

a) Os questionamentos da personagem Gracie podem ser respondidos por quais áreas das Ciências da Natureza?

_____

_____

_____

b) Que outras perguntas, relacionadas às Ciências da Natureza, podem ser feitas utilizando os contextos dos quatro quadrinhos iniciais?

_____

_____

_____

_____

_____

4. Relacione as sentenças a seguir à propriedade mais adequada.

Quantidade de matéria presente em um corpo.	Volume
Medida do espaço que o corpo ocupa.	Densidade
Dois corpos não ocupam o mesmo lugar no espaço.	Massa
Razão entre a massa e o volume de um corpo.	Impenetrabilidade

5. Indique a qual(is) do(s) estado(s) físico(s) – sólido, líquido e gasoso – pertencem as características citadas a seguir.

I. O(s) estado(s) físico(s) que tem(têm) volume fixo em determinada temperatura é(são):

a) o sólido.

b) o líquido.

c) o gasoso.

II. O(s) estado(s) físico(s) cujo formato do corpo depende do recipiente é(são):

a) o sólido.

b) o líquido.

c) o gasoso.

III. O(s) estado(s) físico(s) cujo corpo tem formato próprio é(são):

a) o sólido.

b) o líquido.

c) o gasoso.

IV. A variação da temperatura tem maior influência no volume dos:

a) sólidos.

b) líquidos.

c) gases.

6. Considere os modelos que descrevem as propriedades submicroscópicas das substâncias químicas mostrados a seguir.

I. partículas se movendo livremente, sem volume definido.

II. partículas vibrando bem próximas umas das outras.

III. partículas ligeiramente afastadas, porém com volume definido em determinada temperatura.

Assinale a alternativa que apresenta os estados físicos descritos em cada um desses modelos, respectivamente.

a) estado gasoso, estado sólido e estado líquido.

b) estado gasoso, estado líquido e estado sólido.

c) estado sólido, estado líquido e estado gasoso.

d) estado líquido, estado gasoso e estado sólido.

e) estado líquido, estado sólido e estado gasoso.

7. É possível reconhecer as mudanças de estado físico da matéria pelo modelo de partículas, que representa a composição de um material. Se fosse possível observar as partículas que compõem uma pedra de gelo serem aquecidas até se transformarem em vapor de água, observaríamos:

a) as partículas se aproximando e ficando mais agitadas.

b) as partículas se aproximando e ficando mais agitadas.

c) as partículas se afastando e ficando mais agitadas.

d) as partículas se afastando e ficando menos agitadas.

e) as partículas se afastando sem alterar seu grau de agitação.

8. Nomeie as mudanças de estado físico completando o diagrama a seguir.

Aumento de temperatura

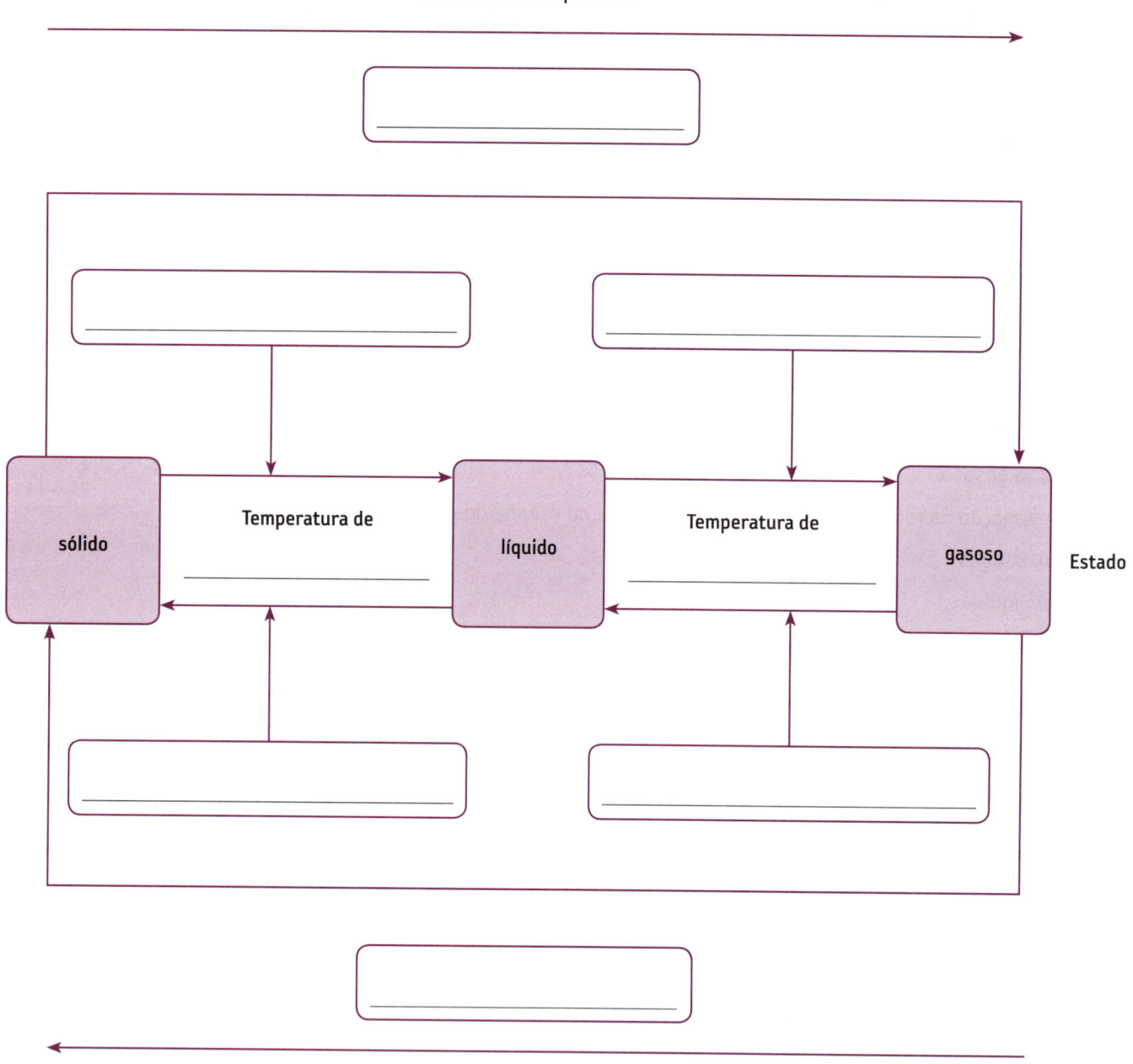

[_____]

sólido — Temperatura de _____ → líquido — Temperatura de _____ → gasoso — Estado

[_____]   [_____]

[_____]   [_____]

[_____]

Diminuição de temperatura

9. Complete corretamente as lacunas considerando os dados ao nível do mar.

a) A água pura _____ a 0 °C e _____ a 100 °C.

b) A _____ da água é 0 °C.

c) A 0 °C a água líquida pode ser resfriada e _____.

d) A 100 °C o vapor de água pode ser resfriado e _____.

e) A 0 °C a água pode estar nos estados _____ e _____.

f) A 100 °C a água pode estar nos estados _____ e _____.

10. Analise a tabela e faça o que se pede.

Cidade	Altitude (m)	Cidade	Altitude (m)
Aracaju	5	Manaus	93
Belém	11	Natal	31
Belo Horizonte	858	Palmas	230
Boa Vista	85	Porto Alegre	3
Brasília	1.172	Porto Velho	85
Campo Grande	532	Recife	5
Cuiabá	177	Rio Branco	153
Curitiba	935	Rio de Janeiro	2
Florianópolis	4	Salvador	8
Fortaleza	27	São Luís	24
Goiânia	750	São Paulo	760
João Pessoa	47	Teresina	73
Macapá	17	Vitória	3
Maceió	17		

Fonte: Ministério do planejamento, desenvolvimento e gestão. *Anuário estatístico do Brasil*: 2017. v. 77. Rio de Janeiro: IBGE. 2018. Disponível em: <https://biblioteca.ibge.gov.br/visualizacao/periodicos/20/aeb_2017.pdf>. Acesso em: 4 jul. 2018.

a) Destaque com círculos as três cidades onde a água, à pressão ambiente, ferve à maior temperatura. Destaque com retângulos as três cidades em que a água ferve à menor temperatura.

b) Explique a razão pela qual é possível responder ao item **a** apenas com os dados fornecidos.

11. Ligue a descrição do modelo atômico ao nome do cientista pelo qual ele ficou conhecido.

- O átomo possui um núcleo com partículas positivas (prótons) e partículas neutras (nêutrons), com elétrons distribuídos em níveis energéticos orbitando ao redor do núcleo.

- O átomo possui partículas com cargas positivas e negativas.

- O átomo possui um núcleo de carga positiva com elétrons de carga negativa orbitando ao seu redor.

- O átomo é uma partícula indivisível.

- O átomo possui um núcleo com partículas positivas (prótons) e partículas neutras (nêutrons), com elétrons distribuídos em uma região com maior probabilidade de encontrá-los.

Rutherford-Bohr

Schrödinger

Dalton

Rutherford

Thomson

12. Identifique os elementos do átomo a seguir. Depois, complete as lacunas da forma correta.

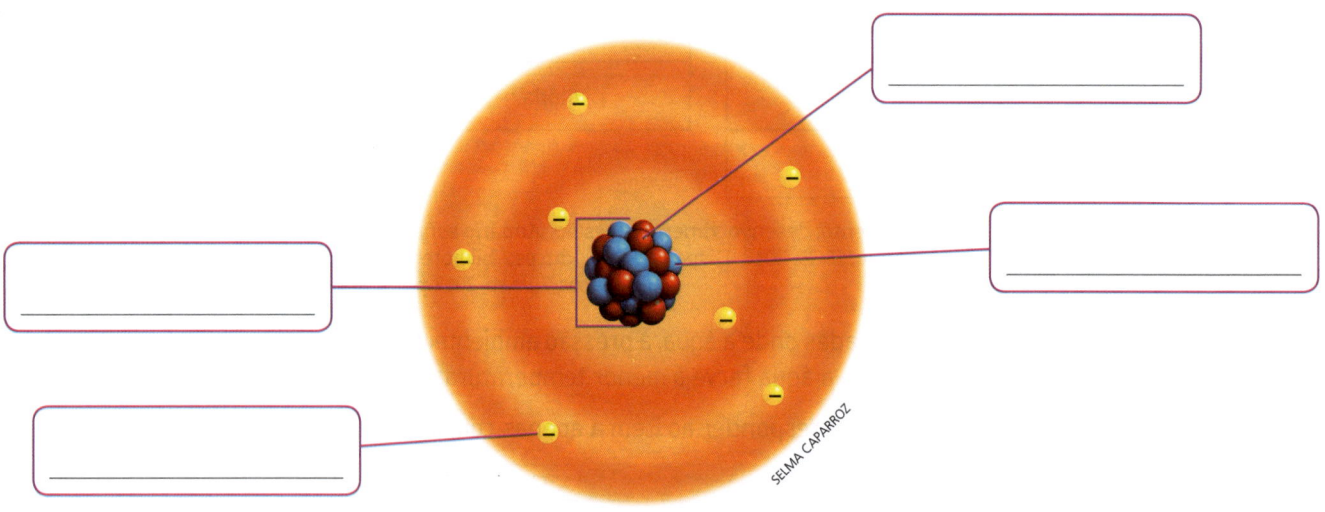

a) Os _____ possuem massa praticamente igual à dos _____;

   os últimos apresentam carga igual mas de sinal oposto à dos _____.

b) O _____ ocupa um espaço muito pequeno e, por ser formado de

   _____ e _____, concentra grande parte da massa do átomo.

c) A eletrosfera ocupa o maior espaço e, por ser formada de _____, apresenta

   massa praticamente desprezível.

13. Leia a tirinha e responda à questão a seguir.

O equipamento hipoteticamente construído por Clayton pode ser explicado por quais modelos atômicos estudados? Justifique sua resposta.

_____

_____

_____

_____

14. Complete as lacunas considerando os átomos neutros X, Y e Z e o cátion W, sabendo que:

Os números atômicos dos átomos X, Y, Z e W são sequenciais. O número de massa dos átomos X e Z são, respectivamente, 19 e 23. O cátion W tem 10 elétrons e carga 2+. O número de massa dos átomos Y e W é o dobro do seu número atômico.

    ___X   ___Y

    ___Z   ___W

Átomo	Número de nêutrons	Número de elétrons
X		
Y		
Z		
W		

15. Leia a tirinha e responda às questões.

Frank & Ernest — **Bob Thaves**

— VOCÊ PERDEU UM ELÉTRON?? TEM CERTEZA DE QUE ESTÁ TUDO BEM?
— POSITIVO.

a) Quem são as personagens?

_____

b) O que ocorreu com uma delas? Em que isso resultou?

_____

16. Consulte uma tabela periódica e faça o que se pede.

a) Nomes dos elementos listados.

H: _____

He: _____

Ag: _____

Au: _____

b) Símbolos dos elementos listados.

Cálcio: _____

Estrôncio: _____

Arsênio: _____

Antimônio: _____

c) Símbolos dos gases nobres.

_____

d) Nomes dos metais alcalinoterrosos.

_____

e) O número atômico do metal de transição de menor massa atômica.

_____

17. Consulte uma tabela periódica e faça o que se pede.

a) $^{12}_{6}C$

Elemento: _____

Número de prótons: _____

Número de elétrons: _____

Número de nêutrons: _____

Número de massa: _____

b) $^{14}_{6}C$

Elemento: _____

Número de prótons: _____

Número de elétrons: _____

Número de nêutrons: _____

Número de massa: _____

c) $^{23}_{11}Na$

Elemento: _____

Número de prótons: _____

Número de elétrons: _____

Número de nêutrons: _____

Número de massa: _____

d) $^{35}_{17}Cl$

Elemento: _____

Número de prótons: _____

Número de elétrons: _____

Número de nêutrons: _____

Número de massa: _____

e) $^{37}_{17}Cl$

Elemento: _____

Número de prótons: _____

Número de elétrons: _____

Número de nêutrons: _____

Número de massa: _____

f) $^{39}_{19}K$

Elemento: _____

Número de prótons: _____

Número de elétrons: _____

Número de nêutrons: _____

Número de massa: _____

g) $^{59}_{28}Ni$

Elemento: _____

Número de prótons: _____

Número de elétrons: _____

Número de nêutrons: _____

Número de massa: _____

h) $^{84}_{36}Kr$

Elemento: _____

Número de prótons: _____

Número de elétrons: _____

Número de nêutrons: _____

Número de massa: _____

i) $^{89}_{39}Y$

Elemento: _____

Número de prótons: _____

Número de elétrons: _____

Número de nêutrons: _____

Número de massa: _____

j) $^{208}_{82}Pb$

Elemento: _____

Número de prótons: _____

Número de elétrons: _____

Número de nêutrons: _____

Número de massa: _____

18. Indique as fórmulas dos compostos iônicos formados pela ligação entre os íons a seguir.

a) Na^+ e F^-: _____

b) Ca^{2+} e Cl^-: _____

c) K^+ e O^{2-}: _____

d) Mg^{2+} e S^{2-}: _____

19. Complete o diagrama a seguir.

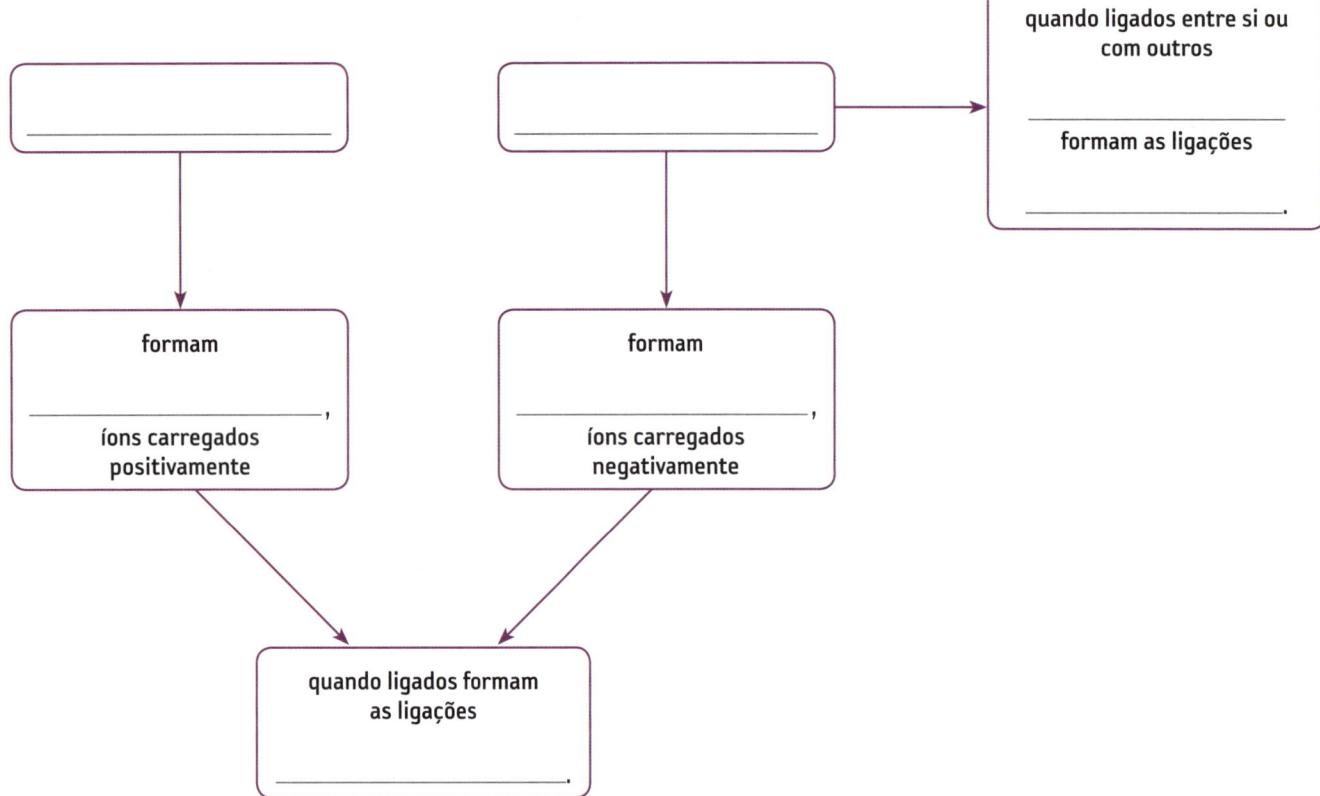

20. Consulte a tabela periódica e assinale as combinações de elementos em que pode haver ligação covalente.

( ) hidrogênio e carbono

( ) carbono e carbono

( ) hidrogênio e sódio

( ) carbono e oxigênio

( ) hélio e carbono

( ) carbono e sódio

( ) sódio e sódio

( ) argônio e sódio

( ) hidrogênio e oxigênio

( ) oxigênio e sódio

21. Preencha a cruzadinha abaixo.

Horizontal
1. Profissionais que estudam propriedades da matéria e como ela se transforma.
2. Medida do espaço que um corpo ocupa.
3. Ligação comum entre não metais.
4. Quantidade de matéria presente em um corpo.
5. Tudo aquilo que tem massa e ocupa lugar no espaço.
6. Tabela usada para classificar todos os elementos químicos.
7. Partícula subatômica de carga positiva.
8. Uma porção limitada de matéria.
9. Partícula subatômica de carga neutra.

Vertical
1. Profissionais que estudam as interações da matéria entre si e com outros fenômenos, como a luz, o calor e a eletricidade.
2. Unidade de volume que corresponde a 1.000 mL.
3. Aglomerado de átomos ligados por ligação covalente.
4. Cientista que propôs o primeiro modelo atômico que considera a existência de um núcleo muito menor que o átomo, conhecido como modelo planetário.
5. Ligação que ocorre entre metais.
6. Partícula subatômica presente no modelo atômico de Thomson.
7. Ligação que ocorre entre cátions e ânions.
8. Conjunto de leis bem estabelecidas e aceitas pela comunidade científica que é usado para explicar fatos observáveis.
9. Cientista que propôs modelo atômico e considera o átomo indivisível.
10. Gases que são conhecidos por não reagirem entre si nem com outros átomos.

UNIDADE 2 SUBSTÂNCIAS, MISTURAS E REAÇÕES QUÍMICAS

RECAPITULANDO

- **Substância** é uma porção de matéria com composição fixa formada por apenas um tipo de componente. Ela é classificada como **substância simples** quando formada por um elemento químico e como **substância composta** quando formada por mais de um elemento químico.

- Uma mistura é formada por duas ou mais substâncias. As misturas podem ser **homogêneas** – quando apresentam apenas uma fase – ou **heterogêneas** – quando apresentam duas ou mais fases.

- **Soluções** são misturas homogêneas. A substância em maior quantidade é o **solvente**; as demais são os **solutos**.

- Misturas homogêneas e substâncias possuem propriedades que permitem diferenciá-las, como temperaturas de fusão e ebulição.

- São métodos de separação de misturas: **peneiração**, **decantação**, **filtração**, **evaporação**, **destilação** e **centrifugação**.

- As substâncias inorgânicas podem ser divididas em grupos como **ácidos**, **bases**, **sais** e **óxidos**.

- A **ionização** é o que ocorre quando ácidos estão em solução aquosa, gerando H^+ e ânion.

- Ácidos liberam íons H^+ em meio aquoso, enquanto bases liberam o íon OH^-.

- A **escala de pH** indica o caráter ácido-base. A 25 °C o meio neutro tem pH = 7, o meio alcalino (básico) tem pH > 7 e o meio ácido tem pH < 7.

- Sais são formados pela ligação iônica entre cátions (metais) e ânions (não metais), com exceção dos íons O^{2-}, OH^- ou H^+.

- Óxidos são resultantes da união entre o elemento oxigênio e outro qualquer, exceto o flúor.

- Uma **reação química** é a transformação de reagentes em produtos, em que os átomos dos reagentes se rearranjam, formando novas substâncias.

- Existem reações de: **síntese**, **decomposição**, **neutralização**, **oxirredução** e **combustão**.

- Uma **equação química** representa as transformações químicas por meio de símbolos.

- Os **coeficientes estequiométricos** indicam a proporção em que reagentes interagem e produtos são formados.

1. Relacione corretamente as colunas, ligando a definição à nomenclatura.

Porção de matéria formada por um elemento químico.	Mistura homogênea
Porção de matéria formada por dois ou mais elementos químicos.	Fase
Resultante da junção de duas substâncias.	Mistura heterogênea
Parte uniforme de um sistema.	Mistura
Apresenta apenas uma fase.	Substância simples
Apresenta duas ou mais fases.	Substância composta

2. Observe a imagem e faça o que se pede.

a) Liste três classes de alimentos líquidos industrializados não alcoólicos vendidos na região onde você mora.

_____
_____
_____

b) Classifique os três alimentos citados no item anterior em: substância, mistura homogênea ou mistura heterogênea, justificando sua resposta.

_____
_____
_____

c) Classifique os alimentos listados no item **a** em: solução aquosa e não aquosa. Justifique sua escolha.

_____
_____
_____

d) Qual é a importância da atitude mostrada na imagem?

_____
_____
_____

3. **Assinale (V) para as afirmações verdadeiras e (F) para as falsas, corrigindo-as.**

a) (   ) Materiais só podem ser formados por uma única substância.

b) (   ) As misturas homogêneas são as que possuem duas ou mais fases.

c) (   ) O leite é um exemplo de mistura heterogênea.

d) (   ) O bolo é uma mistura de diferentes substâncias simples.

e) (   ) A temperatura de evaporação é a temperatura em que uma substância passa do estado sólido para o estado líquido.

f) (   ) O congelamento da água é um exemplo de transformação química.

g) (   ) Ao observar um material, sempre é possível identificá-lo como uma mistura.

4. **Na imagem a seguir, cada cor de esfera representa um elemento químico. Sabendo disso, classifique a composição dos sistemas indicados.**

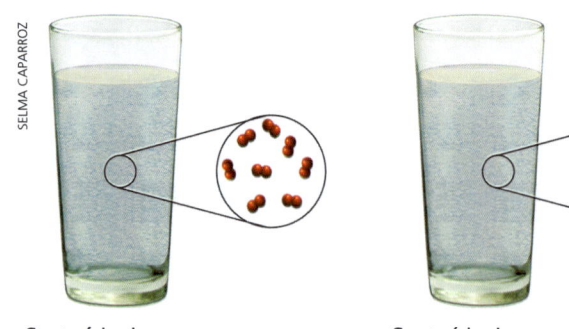

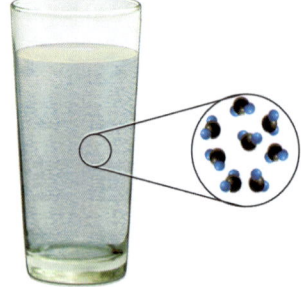

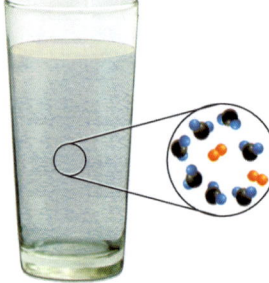

SELMA CAPARROZ

Conteúdo do copo: Sistema I

Conteúdo do copo: Sistema II

Conteúdo do copo: Sistema III

5. Em uma mistura há pequenas partículas de ferro, isopor, areia, sal, álcool, água (em maior quantidade), gasolina e pedras. Considere que a separação dos materiais foi feita sequencialmente. Faça o que se pede nos itens a seguir.

   a) Um desses materiais flutua em solução aquosa e pode ser separado. Qual é esse material?

   _____

   _____

   b) Sabendo que os materiais que sobraram foram submetidos à decantação, indique quais sólidos se depositaram no fundo do recipiente.

   _____

   _____

   c) Nos sólidos que foram separados, qual(is) material(is) ficaria(m) retido(s) em uma peneira com poros grandes?

   _____

   _____

6. Associe as colunas corretamente.

   1. Solução   ( ) Componente que está presente em maior quantidade em uma solução.
   2. Soluto   ( ) Água
   3. Solvente   ( ) Componente minoritário de uma solução
   4. Solvente universal   ( ) Mistura homogênea sólida ou líquida

7. Associe os tipos de mistura aos respectivos métodos que podem separar seus componentes.

Mistura de líquido com partículas sólidas	Peneiração
Mistura homogênea de um líquido com um sólido ou líquido	Decantação
	Filtração
Mistura de partículas sólidas de tamanhos diferentes	Evaporação
	Destilação
Mistura heterogênea de um líquido com um sólido ou um líquido	Centrifugação

8. Observe as imagens a seguir e complete as frases.

A. A parte líquida do suco de maracujá pode ser separada das sementes por _____ .

B. No preparo do arroz, ele é misturado com água. Parte dela é separada da mistura durante o cozimento pelo processo de _____ .

C. Em máquinas de lavar, após o enxágue, as roupas molhadas são _____ para remover parte da água.

D. Para o preparo de algumas receitas, a farinha deve ser _____ .

E. No preparo do café, o pó é separado da água pelo processo de _____ .

9. Complete corretamente as lacunas.

$$HCl(aq) \rightarrow H^+(aq) + Cl^-(aq)$$

A _____ acima representa a _____ do HCl, que é um _____.

$$NaOH(aq) \rightarrow Na^+(aq) + OH^-(aq)$$

A _____ acima representa a liberação do ânion OH^- pelo NaOH, uma _____.

10. Complete o esquema corretamente.

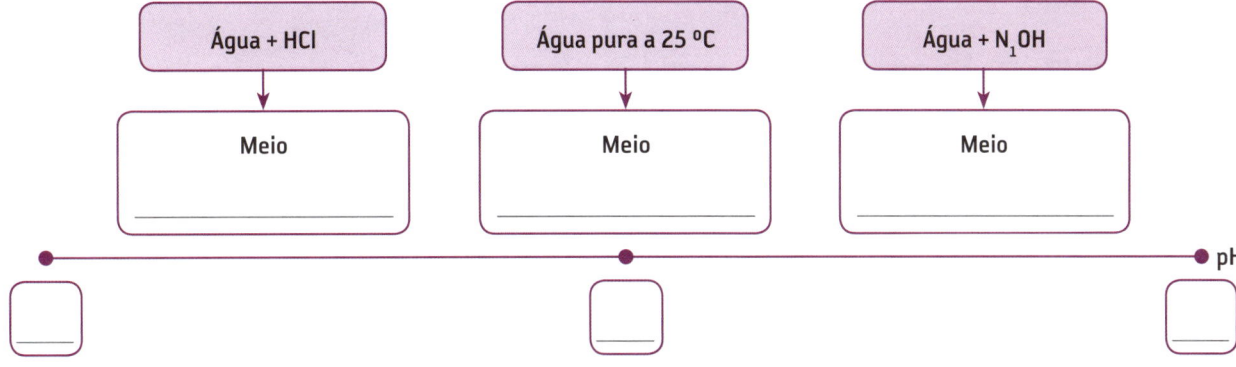

11. Observe a equação química a seguir e assinale as afirmações corretas.

$$H_2SO_4(aq) + 2\ NaOH(aq) \rightarrow 2\ H_2O(l) + Na_2SO_4(aq)$$

( ) Os produtos são líquidos.

( ) O H_2SO_4 é o principal produto da reação.

( ) Essa reação pode ser classificada como reação de neutralização.

( ) Cada H_2SO_4 reage com dois NaOH.

( ) O H_2SO_4 é um ácido chamado ácido fosfórico.

( ) Na_2SO_4 é um sal que apresenta apenas ligações covalentes.

( ) Para cada KOH que reage é formado um H_2SO_4.

( ) NaOH é uma base chamada hidróxido de sódio.

( ) A equação está balanceada.

12. Circule a equação que representa uma reação envolvida na formação da chuva ácida.

$$H_2SO_4(aq) + 2\ NaOH(aq) \rightarrow 2\ H_2O(l) + Na_2SO_4(s)$$

$$SO_3(g) + H_2O(l) \rightarrow H_2SO_4(aq)$$

$$NaOH(aq) + HCl(aq) \rightarrow NaCl + H_2O(l)$$

- Justifique sua resposta.

_____

_____

13. O papel de tornassol é um produto comercial e há dois tipos dele: o azul e o vermelho. Em meio neutro, nenhum dos dois muda de cor. Em meio ácido, o papel azul se torna vermelho e, em meio básico, o papel vermelho se torna azul. Pinte as tiras de tornassol com as cores que seriam obtidas se as mergulhássemos nas soluções citadas abaixo delas. Siga o modelo com suco de limão.

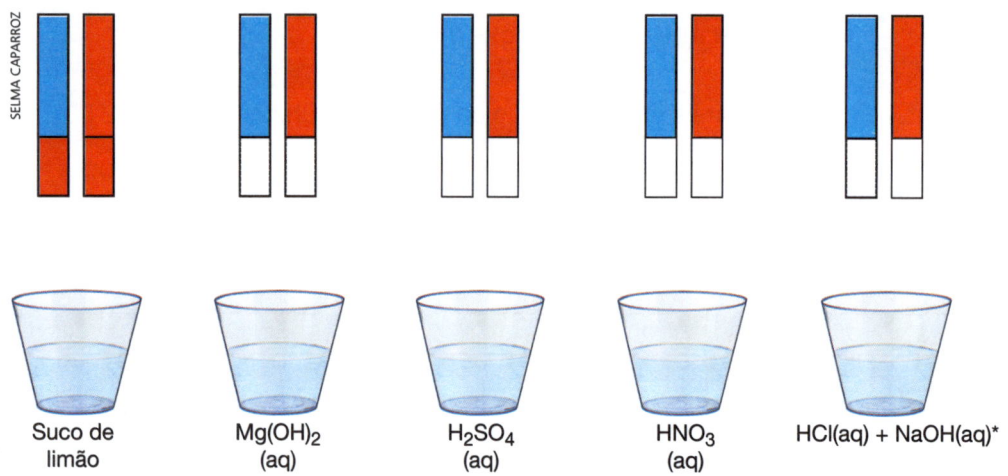

*Considerar que as quantidades de HCl e NaOH são equivalentes.

14. Analise a imagem a seguir. Depois, assinale a equação correspondente a ela.

( ) $H_2O(l) + SO_3(g) \rightarrow H_2SO_4(s)$

( ) $H_2O(l) + SO_3(g) \rightarrow H_2SO_4(aq)$

( ) $H_2O(l) + CO_2(g) \rightarrow H_2CO_3(aq)$

15. Balanceie as reações a seguir.

a) _____ $C(s) +$ _____ $H_2(g) \rightarrow 1\ CH_4(g)$

b) _____ $CaCl_2(aq) + 1\ K_2CO_3(aq) \rightarrow$ _____ $CaCO_3(s) +$ _____ $KCl(aq)$

c) _____ $SO_2(g) + 1\ H_2O(l) \rightarrow$ _____ $H_2SO_3(aq)$

d) _____ $NH_4NO_3(aq) \rightarrow$ _____ $N_2O(g) + 2\ H_2O(l)$

e) _____ $Na(s) +$ _____ $H_2O(l) \rightarrow$ _____ $NaOH(aq) + 1\ H_2(g)$

f) $2\ P_4(s) +$ _____ $NO_2(g) \rightarrow$ _____ $P_4O_6(s) +$ _____ $N_2(g)$

16. Circule as palavras que completam corretamente as afirmações a seguir a respeito de cada equação química.

a) $NH_3(g) + HCl(g) \rightarrow NH_4Cl(s)$

Nesta reação de síntese/decomposição, ocorrem os gases/sólidos amônia (NH_3) e cloreto de hidrogênio (HCl), que formam uma única substância no estado gasoso/sólido, o cloreto de amônio (NH_4OH). A amônia é formada por um sal/átomo de nitrogênio ligado covalentemente a três átomos/moléculas de hidrogênio. Já o cloreto de hidrogênio é formado pela ligação covalente entre um/dois átomo(s) de hidrogênio e um/dois átomo(s) de cloro. O cloreto de amônio (NH_4Cl) é formado por um átomo de nitrogênio, três/quatro átomos de hidrogênio e um átomo de cloro.

b) $CaCO_3(s) \rightarrow CaO(s) + CO_2(g)$

Nesta reação de síntese/decomposição, o carbonato de cálcio no estado sólido/líquido é aquecido, gerando óxido de cálcio (CaO) no estado sólido/líquido e dióxido de carbono (CO_2) no estado líquido/gasoso. No óxido de cálcio, a ligação do átomo de oxigênio com o átomo de cálcio é iônica/covalente. Já no óxido que tem carbono as ligações são iônicas/covalentes.

c) $HNO_3(aq) + KOH(aq) \rightarrow H_2O(l) + KNO_3(aq)$

Nesta reação de combustão/neutralização, o ácido nítrico (HNO_3) e o hidróxido de potássio (KOH), ambos em meio aquoso/gasoso, reagem formando água no estado líquido/gasoso e nitrato de potássio em meio líquido/aquoso. Na molécula de água, a ligação entre oxigênio e hidrogênio é iônico/covalente.

d) $H_2S(aq) + Br_2(aq) + H_2O(l) \rightarrow H_2SO_4(aq) + HBr(aq)$

Na reação equacionada acima, os elétrons do ácido sulfídrico (H_2S) são transferidos para os átomos de bromo do Br_2; portanto, essa é uma reação de oxirredução/neutralização. Ambos os produtos formados são ácidos e a solução resultante tem pH menor/maior que 7.

e) $2 H_2(g) + O_2(g) \rightarrow 2 H_2O(g)$

A equação indicada acima representa a reação de combustão/neutralização que ocorreu na queda do Hindenburg. Nesse caso, o hidrogênio atuou como comburente/combustível, e o oxigênio, como comburente. Por haver transferência de elétrons, essa reação também pode ser classificada como uma decomposição/oxirredução, e, como dois reagentes formam um único produto, ela também é uma reação de síntese/balanceamento.

Em um acidente em 1937 na Alemanha, o dirigível de transporte de passageiros Hindenburg, que fora inflado com gás hidrogênio (H_2), pegou fogo e caiu.

17. Indique no quadro a quantidade correta de moléculas e átomos de cada reagente e produto na reação a seguir.

$$C_2H_6O(l) + O_2(g) \rightarrow 2\ CO_2(g) + 3\ H_2O(l)$$

Substância	Quantidade de moléculas	Quantidade de átomos
C_2H_6O		
O_2		
$2\ CO_2$		
$3\ H_2O$		

18. Analise a equação química a seguir e faça o que se pede.

$$Cl_2O_7(aq) + 2\ NaOH(aq) \rightarrow 2\ NaClO_4(aq) + H_2O(l)$$

a) Classifique os seguintes compostos em sal, base ou óxido:

- Cl_2O_7: _____

- NaOH: _____

- $NaClO_4$: _____

b) Sabendo que 366 g de Cl_2O_7 reagiram com 160 g de NaOH, calcule a massa de produtos gerados.

_____

_____

c) Nessa mesma reação foram gerados 36 g de H_2O. Sabendo disso, calcule a massa de $NaClO_4$.

_____

_____

d) Calcule a massa de $NaClO_4$ ao reagirem 480 g de NaOH.

UNIDADE 3 ELETRICIDADE E MAGNETISMO

RECAPITULANDO

- Os **fenômenos elétricos** e **magnéticos** ocorrem em razão da presença das cargas elétricas na matéria.
- Por convenção, dizemos que os **prótons** têm carga elétrica positiva (+) e os **elétrons** têm carga elétrica negativa (−).
- A interação entre cargas elétricas pode ser de **repulsão**, se as cargas forem do mesmo tipo (representadas por sinais iguais), ou de **atração**, se as cargas forem de tipos diferentes (representadas por sinais contrários).
- Quando um corpo neutro perde elétrons, há excesso de cargas positivas e dizemos que ele está **carregado positivamente**. Já quando um corpo neutro recebe elétrons, há excesso de cargas negativas e dizemos que ele está **carregado negativamente**.
- Materiais metálicos como ouro, cobre, ferro e alumínio são bons **condutores elétricos**. Materiais como plástico, borracha, vidro e cortiça são **isolantes elétricos**.
- A **corrente elétrica** é o movimento ordenado de elétrons em uma mesma direção.
- Um **gerador elétrico** mantém a **tensão elétrica** (diferente tendência de atrair elétrons) entre dois pontos de um condutor.
- A **resistência elétrica** é a medida da dificuldade que um material oferece à passagem da corrente elétrica.
- Os componentes que constituem um circuito podem estar ligados em **série** ou em **paralelo**.
- O **circuito elétrico** é um percurso fechado em que uma corrente elétrica, produzida por um **gerador**, passa por outros componentes elétricos, como **condutores**, **resistor**, **interruptor** e **chave**.
- O **efeito Joule** está relacionado com o calor gerado e a corrente elétrica que percorre um condutor em determinado tempo.
- A eficiência dos equipamentos e aparelhos eletrônicos pode ser medida por sua **potência elétrica**, definida como energia elétrica consumida por unidade de tempo.
- **Magnetismo** é uma força de atração ou repulsão que atua a distância.
- Os **ímãs** são materiais que interagem com tipos de metais ou ligas metálicas. Eles apresentam em suas extremidades o **polo norte (N)** e o **polo sul (S)**.
- O espaço onde se manifestam os efeitos magnéticos produzidos por um ímã é chamado de **campo magnético**. Ele pode ser representado por **linhas de campo**.
- A Terra apresenta campo magnético próprio, cujos polos magnéticos ficam próximos aos polos geográficos.
- As bússolas são instrumentos que possuem um pequeno ímã – a agulha magnética – que sempre se orienta na mesma direção.

1. Observe a estrutura do átomo a seguir. Depois, relacione as partículas aos nomes correspondentes.

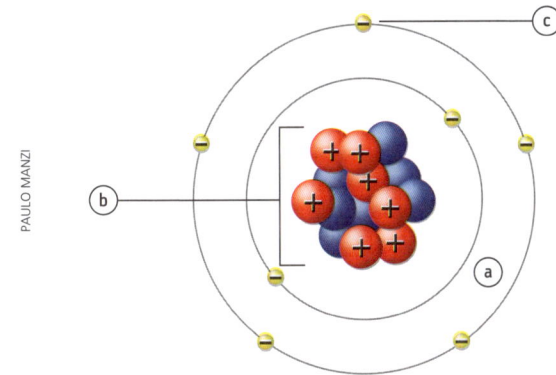

( ) Eletrosfera

( ) Núcleo

( ) Elétron

25

2. Complete as frases e depois preencha a cruzadinha.

1. Quando ocorre _____ entre corpos carregados eletricamente, suas cargas são do mesmo tipo e representadas por sinais iguais.

2. Os _____ têm carga elétrica negativa.

3. A interação entre cargas elétricas é descrita por uma _____.

4. Quando ocorre _____ entre corpos carregados eletricamente, suas cargas diferentes e são representadas por sinais contrários.

5. Os _____ têm carga elétrica positiva.

6. A _____ é a região externa ao núcleo do átomo, onde estão localizados os elétrons, que estão em constante movimento.

7. Um corpo é considerado eletricamente _____ quando apresenta o mesmo número de prótons e elétrons.

3. Complete as frases e os esquemas, indicando o que aconteceu com a carga elétrica.

   a) Quando um corpo neutro _____, há excesso de cargas positivas e dizemos que ele está carregado _____.

   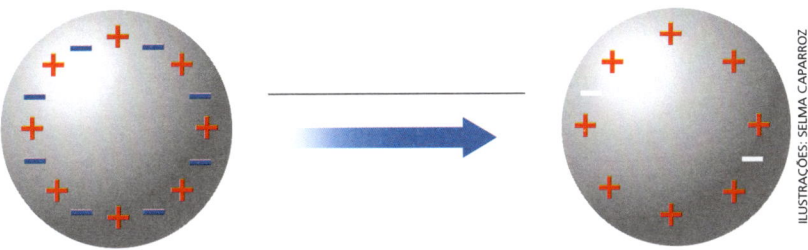

   b) Quando um corpo neutro _____, há excesso de cargas negativas e dizemos que ele está carregado _____.

   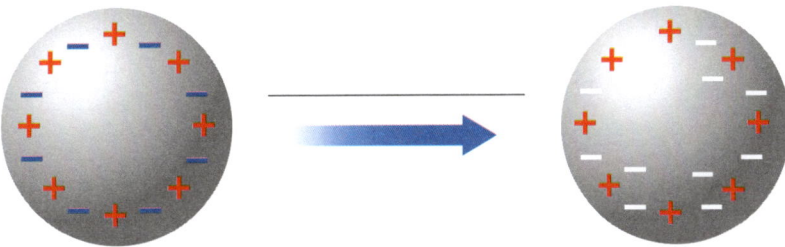

4. Observe as imagens a seguir. Sabendo que os materiais iguais estão representados com cores iguais, circule o material que apresenta maior resistência elétrica, justificando sua resposta.

   a)

   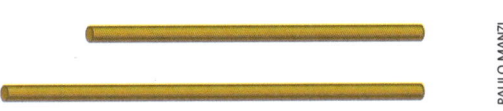

   _____

   _____

   b)

   _____

   _____

5. Complete as lacunas das frases a seguir com os termos relacionados ao circuito elétrico encontrados no diagrama.

I	L	Â	Ô	Ú	X	P	Ç	Ã	Ç	U	P	Ã	P	A	R	A	L	E	L	O	Ã
F	J	U	S	R	E	S	I	S	T	O	R	U	P	U	S	O	S	I	S	R	U
E	R	C	Ç	C	D	I	Ã	Ô	E	V	E	W	L	C	Ç	V	I	Ã	Ô	E	S
L	Ã	O	L	Ã	C	M	I	N	V	E	R	N	O	O	P	E	M	I	N	R	É
É	C	N	Ó	I	Ò	A	Â	Â	E	P	Ã	Ó	Ê	N	I	P	A	Â	Â	Ã	R
T	Ó	D	E	T	G	E	R	A	D	O	R	P	P	D	L	O	E	R	A	R	I
R	K	U	M	W	I	E	U	G	X	T	T	Ú	S	U	H	T	E	U	G	T	E
O	E	T	Ô	À	Ç	R	T	C	Ê	U	X	Ó	É	T	A	U	R	T	C	X	Ó
N	Q	O	C	H	Ò	A	O	U	P	S	V	Ç	V	O	C	S	A	O	U	V	Ç
S	V	R	T	T	N	V	N	C	H	A	V	E	Ú	R	T	A	V	N	C	V	E
X	T	E	P	O	É	B	O	N	L	Ú	R	G	Í	H	P	Ú	B	O	N	R	G
Ç	C	S	U	Õ	T	À	G	P	T	C	I	R	C	U	I	T	O	G	P	T	B

a) O _____ elétrico é um percurso fechado em que uma corrente elétrica passa.

b) O _____ é um componente que controla a passagem da corrente elétrica e transforma a energia elétrica em outro tipo de energia.

c) Os _____ são fios ou cabos que permitem o deslocamento dos elétrons e a conexão de todos os componentes do circuito.

d) O _____ é um dispositivo que mantém a tensão elétrica entre os seus terminais e permite a produção de corrente elétrica.

e) A _____ é um dispositivo que abre e fecha o circuito, permitindo ou não a passagem da corrente elétrica.

f) A _____ transforma energia química em energia elétrica, fazendo com que _____ percorram o fio condutor de um circuito.

g) O circuito elétrico conectado em _____ é aquele cujos os componentes estão organizados sequencialmente.

h) Um circuito elétrico conectado em _____ possui dois ou mais componentes ligados entre dois pontos comuns.

6. Ligue os termos às respectivas propriedades e exemplos.

- Condutores elétricos
- Isolantes elétricos

- Possuem muitos elétrons livres.
- Não permitem a passagem dos elétrons.
- Podem ser materiais metálicos como ouro, cobre, ferro, alumínio.
- Podem ser materiais como plástico, borracha, vidro e cortiça.

7. Complete as frases com os termos abaixo:

maior   resistência elétrica   gerador elétrico   maior   tensão elétrica

a) A pilha é um exemplo de _____, isto é, um dispositivo capaz de transformar diferentes tipos de energia em energia elétrica. Ela é capaz de manter uma _____ entre dois pontos de um condutor.

b) A _____ é a medida da dificuldade que um material oferece à passagem da corrente.

c) Quanto _____ o comprimento do condutor, maior sua resistência elétrica.

d) Quanto _____ o diâmetro do condutor, menor sua resistência elétrica.

8. Existe uma atividade que consiste em passar um anel metálico, de um extremo a outro, por um fio retorcido de um circuito elétrico. Durante a atividade, a chave deve permanecer fechada, conectando a pilha ao circuito, e o anel deve ser passado por toda a extensão do fio retorcido sem tocá-lo. Sabendo disso, responda à questão.

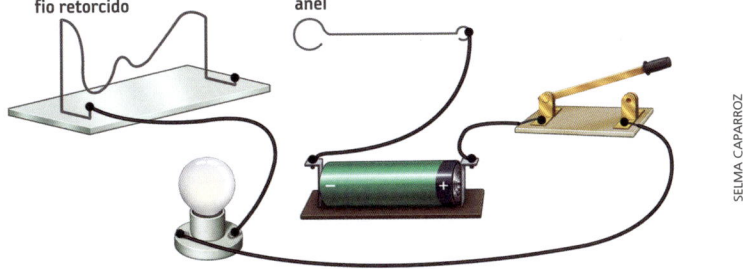

- O que acontecerá se o anel tocar o fio retorcido?

_____

9. Classifique circuitos elétricos em paralelo ou em série.

a)

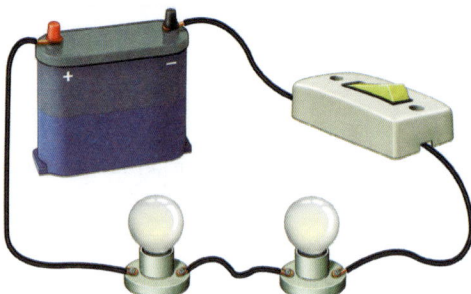

b)

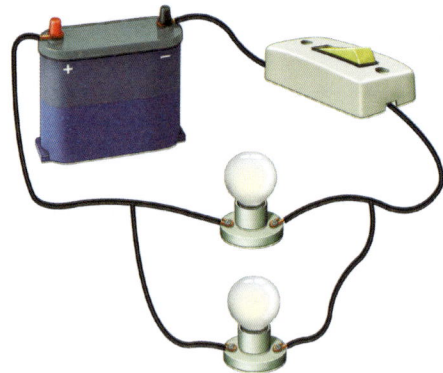

10. Observe o circuito elétrico. Depois, analise os itens **a**, **b** e **c**, indicando quais lâmpadas podem acender no esquema ao lado.

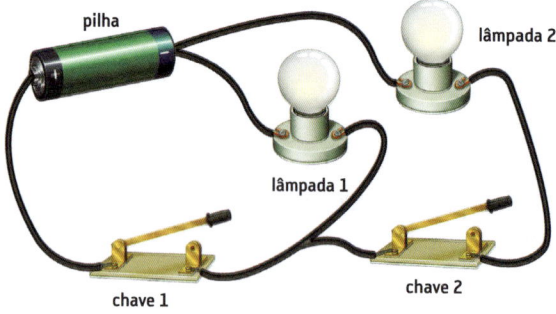

a) Ao fechar apenas a chave 1.

b) Ao fechar as chaves 1 e 2.

c) Ao fechar apenas a chave 2.

11. Observe o circuito elétrico a seguir e faça o que se pede.

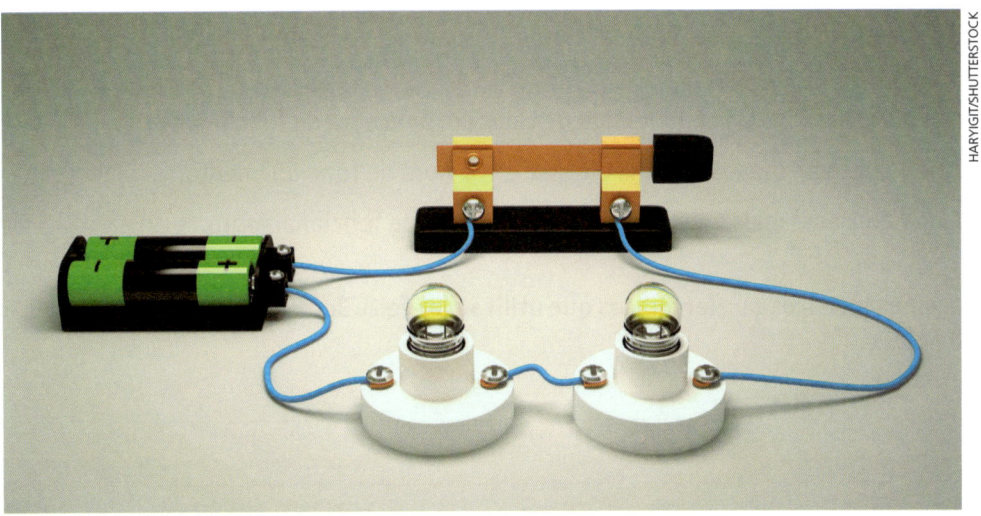

a) Identifique o tipo de ligação do circuito elétrico presente na imagem, justificando sua resposta.

_____

_____

b) Utilize um X, um círculo e uma seta para indicar, na própria imagem, os resistores, a chave e o sentido da corrente elétrica, respectivamente. Justifique sua resposta.

_____

_____

12. Analise a conta de energia elétrica a seguir e responda às questões.

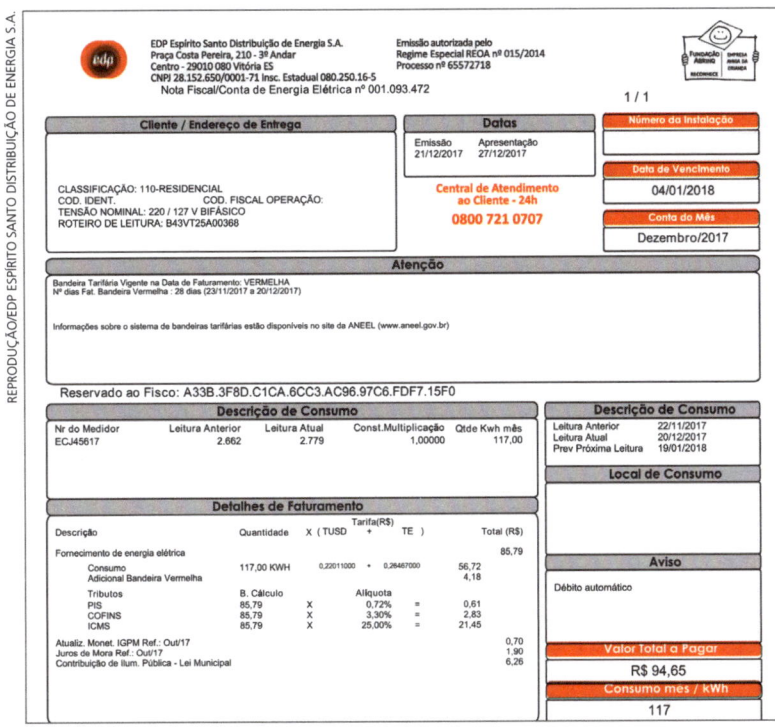

a) Qual foi o consumo de energia em kWh?

_____

_____

b) Qual é o valor, sem impostos, referente a esse consumo de energia?

_____

_____

c) Considerando o valor total, qual é o custo por KWh?

_____

_____

13. Uma pessoa possui duas lâmpadas de mesma potência para instalar em um cômodo de sua casa, mas uma delas opera em 110 V, e a outra, em 220 V.

Sabendo disso, analise as afirmações a seguir, marcando (**V**) para as verdadeiras e (**F**) para as falsas.

( ) As duas lâmpadas dissipam a mesma quantidade de calor em uma hora de funcionamento.

( ) A lâmpada de 110 V consome menos energia elétrica em 1 hora de funcionamento.

( ) A lâmpada de 220 V consome mais energia elétrica em 1 hora de funcionamento.

14. Cite exemplos de aparelhos elétricos ou eletrônicos que utilizam o efeito Joule para funcionar e explique como isso ocorre.

_____
_____
_____
_____

15. Em dias frios, costumamos fechar um pouco a torneira do chuveiro elétrico para que a água fique um pouco mais quente.

Com esse processo, estamos:

a) economizando energia elétrica.

b) diminuindo a massa de água que é aquecida por unidade de tempo.

c) mudando parâmetros elétricos do chuveiro.

d) gastando mais energia e mais água.

16. Observe a imagem a seguir. Depois, complete as frases de acordo com o fenômeno mostrado.

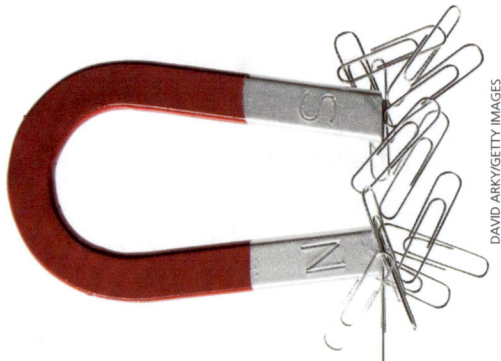

- O magnetismo é um fenômeno físico e pode ocasionar a repulsão ou a _____ em determinados corpos.

- O ferro, o níquel e o cobalto são exemplos de metais atraídos naturalmente por _____.

- Todo ímã apresenta, em suas extremidades, o polo norte (N) e o _____.

17. Observe as situações apresentadas a seguir. Depois, identifique se há atração ou repulsão entre os ímãs, representando com setas a direção das forças magnéticas.

a)

b)

c)

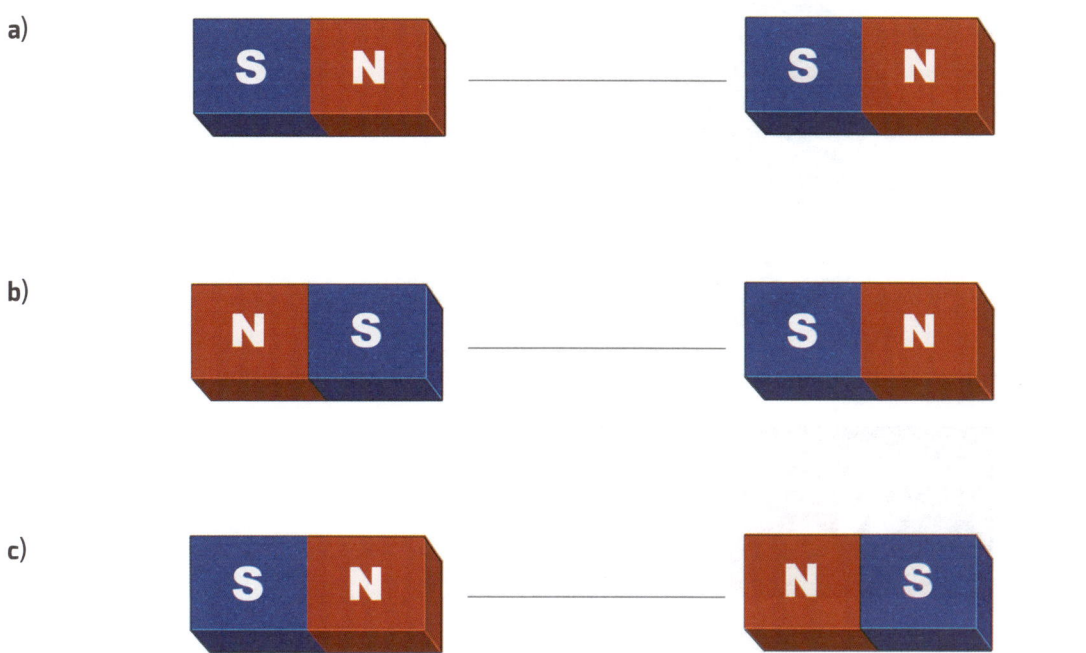

18. As imagens a seguir mostram o sentido do corte feito em ímãs. Represente e identifique os polos em cada novo pedaço.

a)

b)

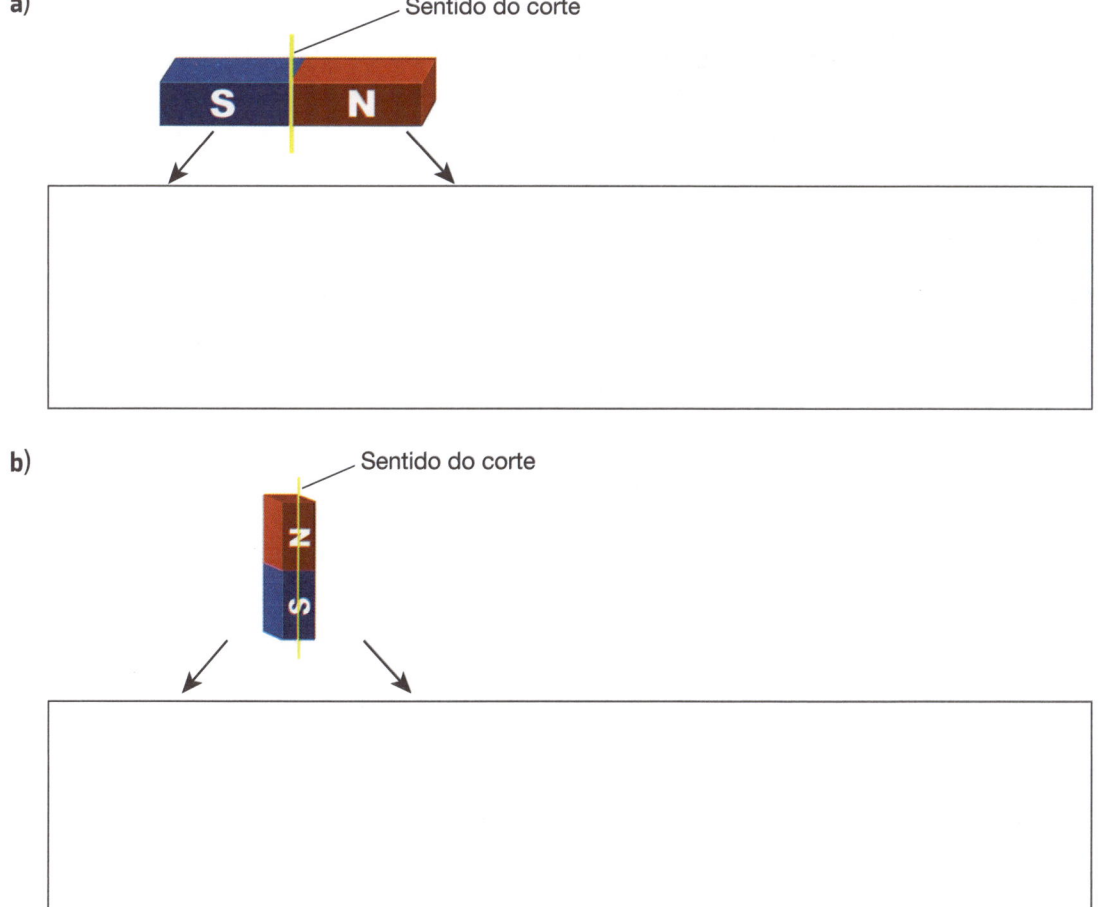

19. A bússola é um tipo de instrumento de navegação que se orienta de acordo com o campo magnético.

Desenhe qual seria a orientação da agulha da bússola ao se colocar um ímã próximo a ela.

20. Uma pessoa possui três pequenos ímãs, conforme apresentado a seguir.

Ao testar os ímãs, foi possível constatar que:

- O polo 1 atrai o polo 3.
- O polo 3 repele o polo 5.
- O polo 6 é sul.

Então, podemos afirmar que:

a) 1 é polo norte e 5 é polo sul.

b) 1 é polo norte e 3 é polo sul.

c) 1 é polo sul e 2 é polo sul.

d) 1 é polo sul e 3 é polo norte.

e) 2 é polo norte e 4 é polo norte.

UNIDADE 4 DINÂMICA

RECAPITULANDO

- A **inércia** se relaciona à tendência de um corpo manter seu estado inicial, seja ele de repouso ou de movimento retilíneo uniforme, a não ser que uma força atue para modificar esse estado.
- De acordo com a **primeira lei de Newton**, todo corpo permanece em repouso ou em movimento retilíneo uniforme, a não ser que sofra a ação de uma força resultante não nula.
- A **segunda lei de Newton** diz que a aceleração produzida em um corpo é diretamente proporcional à intensidade da força resultante e inversamente proporcional à massa do corpo.
- A **força resultante** de um corpo pode ser calculada como o produto entre a massa e a aceleração.
- O **peso** é a força que atua sobre um corpo em queda livre em razão da interação gravitacional do planeta Terra com a matéria ao seu redor.
- Segundo a **terceira lei de Newton**, a toda força de ação corresponde uma força de reação de mesma intensidade e mesma direção, mas sentido contrário.
- A **força de atrito** é uma força de contato que possui sentido oposto ao do movimento dos corpos.
- **Força elástica** é capacidade que molas e elásticos têm de se deformar quando submetidos a uma força e voltar ao seu estado original. A sua intensidade é proporcional à deformação provocada e às características da mola.
- A **força normal** é a força exercida por uma superfície sobre um objeto para sustentá-lo.
- O **equilíbrio** de um corpo pode ser **estável**, **instável** ou **indiferente**.
- Um corpo está em **equilíbrio estável** quando ele pode sofrer um pequeno deslocamento em relação à sua posição de equilíbrio, mas volta a ela em seguida.
- **Equilíbrio instável** é quando qualquer pequeno deslocamento pode retirá-lo da posição de equilíbrio.
- No **equilíbrio indiferente**, os deslocamentos não mudam a estabilidade do corpo.

1. Leia a tira da Turma da Mônica e responda à questão.

- Como é possível parar o movimento do personagem no *skate*? Que princípio explica essa mudança?

_____

_____

2. As imagens a seguir representam as três leis de Newton. Sabendo disso, faça o que se pede.

a) Identifique quais são as leis de Newton representadas nas situações **A**, **B** e **C**.

_____
_____
_____

b) Explique cada uma dessas situações.

_____
_____
_____
_____
_____

3. Analise as situações a seguir e faça o que se pede.

Situação I

Situação II

a) Se as forças exercidas pelos homens são de igual intensidade, circule apenas a(s) situação(ões) em que a rocha ficará em repouso.

b) Com base na resposta do item **a**, o que aconteceria com a rocha se as intensidades das forças aplicadas fossem diferentes? Justifique sua resposta.

c) Considerando que, na situação I, as intensidades das forças exercidas por cada homem são iguais a 5 N, calcule o valor da força resultante.

d) Na situação II, se as intensidades das forças exercidas fossem de 10 N e 7 N, qual seria o valor da força resultante?

e) Supondo que o homem da esquerda, na situação II, está aplicando a maior força, indique a direção e o sentido em que ocorrerá o movimento da rocha.

4. Observe a imagem a seguir e, depois, complete as frases com palavras do quadro.

| velocidade | movimento | inércia | repouso | aceleração |

a) O carro todo corpo permanece em _____ ou em _____ a não ser que sofra a ação de uma força resultante não nula.

b) A _____ tende a manter o carro parado ou em movimento até que uma força atue para modificar esse estado.

c) Quando o carro está sob a ação de uma força resultante não nula, será observada uma alteração em sua _____.

d) A _____ do carro será diretamente proporcional à intensidade da força aplicada.

5. Analise as imagens a seguir e responda à questão.

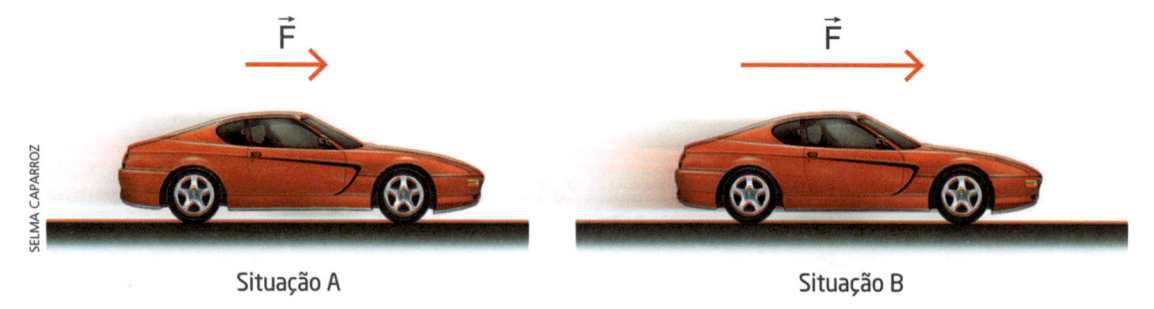

Situação A   Situação B

- O que podemos afirmar sobre a aceleração do carro nas situações **A** e **B**?

_____
_____
_____
_____
_____

6. Complete as frases a seguir analisando as imagens referentes a elas.

   a) O dinamômetro é um instrumento utilizado para medir _____ causadas pela deformação num sistema elástico.

   b) Quanto maior a _____ das turbinas do avião, maior será a sua _____ .

7. Indique as forças de ação e reação nas imagens a seguir por meio de setas e legendas.

   a)

   b)

8. Duas pessoas puxam as extremidades de um dinamômetro na mesma direção e em sentidos opostos, aplicando uma mesma força de intensidade F = 120 N.

Sabendo disso, responda à questão.

- Qual foi o valor, em Newtons, apresentado no dinamômetro? Justifique sua resposta.

_____
_____
_____
_____

9. Observe o balão de ar quente a seguir. Depois, responda à questão.

a) Qual é a intensidade, a direção e o sentido da resultante dessas forças?

_____
_____
_____

b) Represente a sua resposta em um esquena.

10. Associe as afirmações a seguir com as respectivas Leis de Newton.

a) 1ª Lei de Newton.

b) 2ª Lei de Newton.

c) 3ª Lei de Newton.

( ) Uma criança chuta uma bola e faz com que ela adquira aceleração.

( ) Um cozinheiro deixa um ovo cair no chão. O ovo quebra.

( ) O ônibus freia bruscamente e as pessoas que estão em pé são lançadas para frente.

11. Observe os dois guindastes a seguir. Eles estão suportando uma barra de metal em repouso. Sabendo que a barra tem massa igual a 5.000 kg, responda à questão.

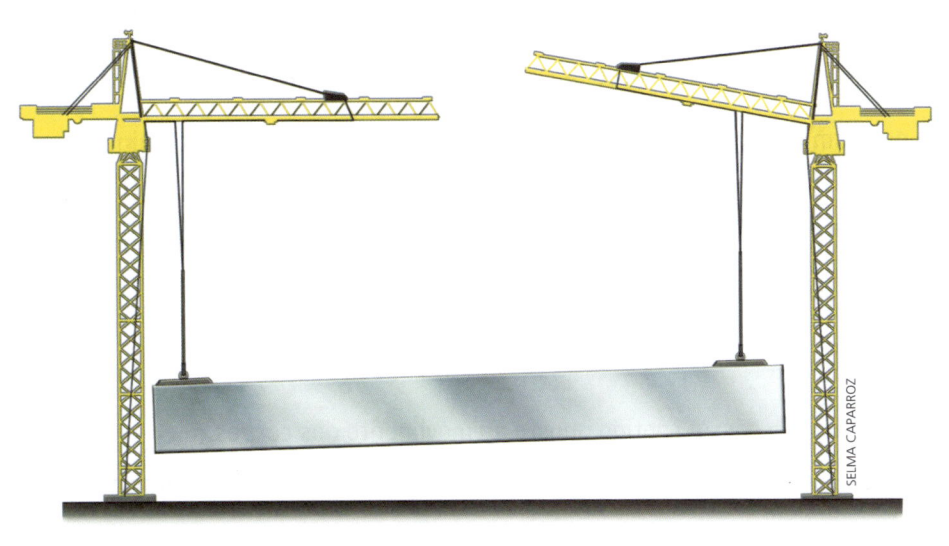

- Qual é a intensidade das forças para cada um dos guindastes, considerando que elas são iguais?

_____
_____
_____
_____

12. Observe a imagem a seguir e responda à questão.

- Em que ponto ocorre a ação das forças feita pelo pássaro na pessoa e pela pessoa no pássaro?

_____
_____

13. Circule a palavra que completa corretamente cada afirmação.

a) Se um homem empurra uma caixa, então há uma força de reação de sentido/intensidade contrário(a).

b) Se a unha arranha a pele, a força de reação da pele é aplicada na unha/pele.

c) Se um guincho puxa um carro, então a força de reação do carro puxa/empurra o guincho.

14. Relacione os termos com as respectivas afirmações.

a) Força de atrito

b) Força peso

( ) É uma força de contato e possui sentido oposto ao movimento dos corpos.

( ) É a força que atua sobre um corpo em queda livre em razão da interação gravitacional do planeta Terra.

( ) Está presente também em meios líquidos e gasosos, com as forças de resistência do ar e da água.

15. Leia a tira e responda à questão a seguir.

- A qual força a tira se refere quando o menino cai? Explique.

_____

_____

16. Indique com setas, na própria imagem, pelo menos três forças que atuam sobre o automóvel em movimento, identificando-as.

17. Indique, nos esquemas a seguir, onde estão acontecendo as forças de atrito, peso e normal.

   a) Objeto sendo empurrado contra uma superfície vertical.

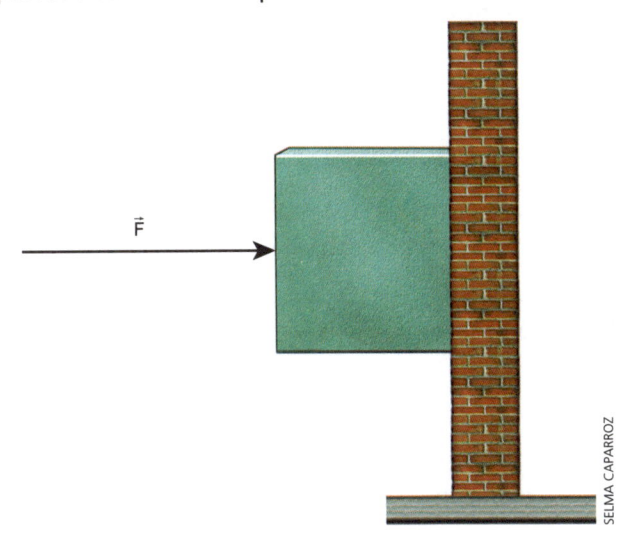

   b) Objeto sendo puxado sobre uma superfície horizontal.

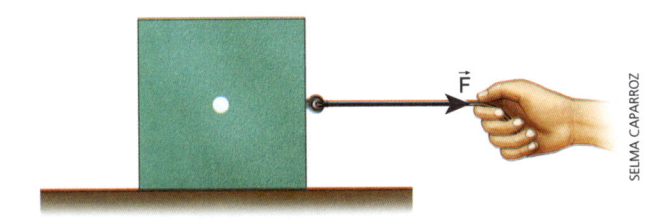

18. Observe a imagem a seguir.

A caixa está submetida apenas às forças horizontais nos sentidos mostrados na imagem. Sabendo que a intensidade de $\vec{F}_1$ = 75 N e $\vec{F}_2$ = 15 N, responda às questões.

   a) Qual será a força resultante?

   _____

   _____

   b) Para qual lado a caixa irá se mover?

   _____

   _____

UNIDADE 5 ONDAS: SOM E LUZ

RECAPITULANDO

- As **ondas** transportam energia, mas não carregam matéria.
- De acordo com sua natureza, as ondas podem ser classificadas em **mecânicas** ou **eletromagnéticas**.
- **Ondas mecânicas** são ondas que se propagam em meios materiais.
- **Ondas eletromagnéticas** são ondas que, para se propagar, não necessitam de um meio material, podendo se propagar no vácuo.
- De acordo com a direção de propagação e a direção de oscilação, as ondas podem ser: **transversais** ou **longitudinais**.
- **Ondas transversais** são ondas que possuem a direção da vibração perpendicular à direção de propagação.
- **Ondas longitudinais** são ondas que possuem a direção de vibração coincidente com a direção de propagação.
- A **crista** e o **vale** são respectivamente pontos de máxima e de mínima perturbação em uma onda.
- As principais características das ondas são: **amplitude**, **comprimento de onda**, **período** e **frequência**.
- A **amplitude** equivale à distância entre uma crista ou um vale e o ponto de equilíbrio.
- O **comprimento de onda** é a distância entre duas cristas ou entre dois vales consecutivos.
- O **período** é o tempo que a onda leva para executar uma oscilação completa.
- A **frequência** é o número de oscilações que ocorrem em determinada unidade de tempo.
- A **velocidade** de propagação da onda depende de fatores como o meio em que ela se encontra.
- O **som** é produzido pela compressão e expansão sucessivas do ar ou de outro meio material.
- A radiação visível corresponde a uma estreita faixa do espectro eletromagnético que pode ser captada pelos olhos – a **luz visível**.
- A luz solar, chamada de luz branca, contém todas as cores. As cores da luz são caracterizadas por diferentes comprimentos de onda.
- Os corpos refletem e/ou absorvem parte da luz que os atinge. Os comprimentos de onda que serão refletidos e absorvidos variam de acordo com o corpo, definindo sua cor.

1. Observe a imagem a seguir e faça o que se pede.

    a) Indique, na própria imagem, o sentido de propagação das ondas.
    b) Qual é a natureza da onda apresentada na imagem?

    c) De acordo com a direção de propagação e de oscilação, qual é o tipo de onda apresentado na imagem?

2. Observe a imagem e responda à questão.

- Se jogarmos uma pedra na água, ocorrerá a propagação das ondas. Considerando que a mosca não influenciará no movimento, explique o que acontecerá com a folha ao ser atingida pelas ondas.

_____

_____

_____

3. Analise as imagens e classifique as ondas de acordo com a sua natureza.

a) As rachaduras na estrada foram causadas por ondas sísmicas produzidas por terremotos, de natureza _____ .

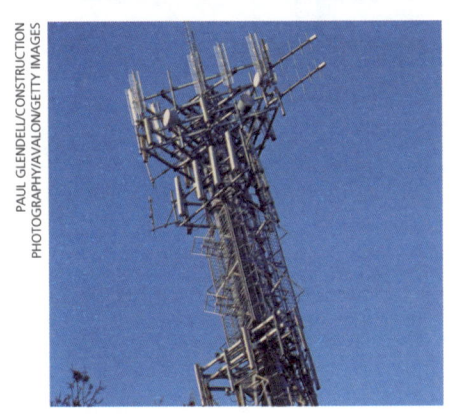

b) Uma torre de antena de telecomunicações recebe e emite ondas de natureza _____ .

4. Identifique o tipo de propagação e oscilação das ondas apresentadas nas imagens, completando as respectivas frases.

a) Uma criança brinca com uma corda no chão que, ao vibrar, forma ondas _____ .

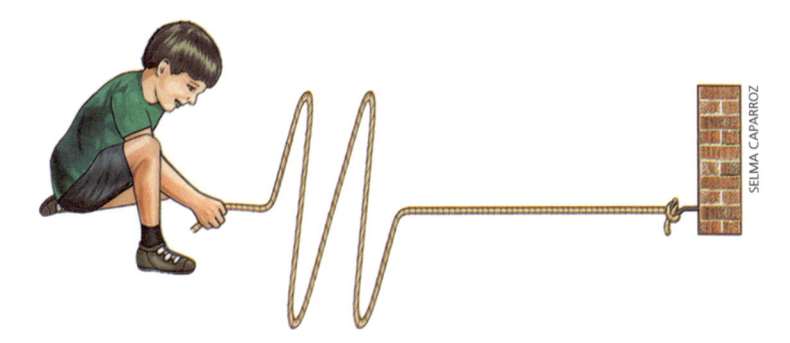

b) O alto-falante transmite o som pelas sucessivas vibrações e rarefacções do ar, formando ondas

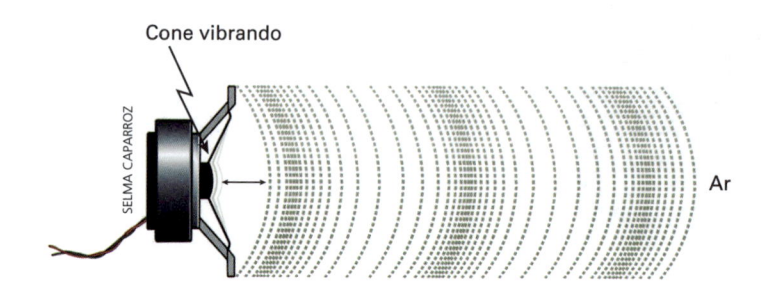

_____ .

5. Observe a imagem a seguir e faça o que se pede.

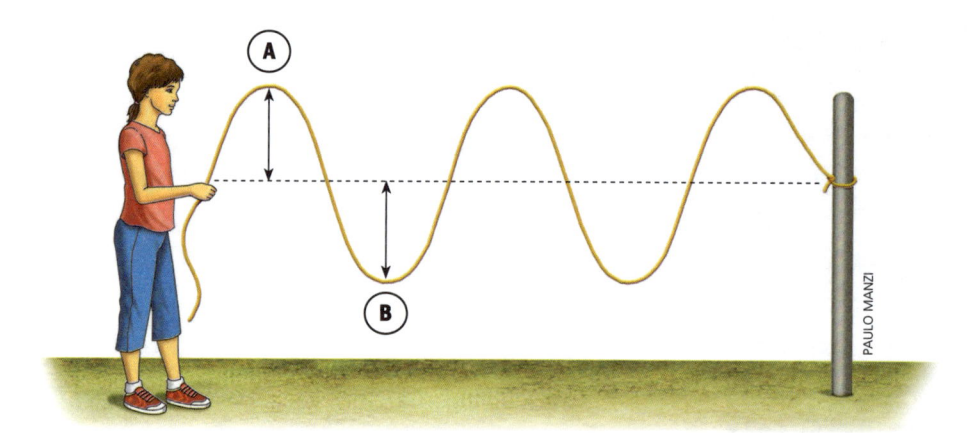

a) Qual é a natureza da onda representada na imagem?

_____

_____

b) Qual é o tipo de onda representada na imagem?

_____

_____

c) Quais partes da onda estão indicadas por **A** e **B**?

_____

_____

d) Indique, na própria imagem, o comprimento de onda.

e) Sabendo que λ = 1 m e f = 2 Hz, calcule a velocidade dessa onda.

_____

_____

6. Complete as frases a seguir, utilizando os termos encontrados no diagrama.

P	E	R	T	U	R	B	A	Ç	Ã	O	V	T	A	D	I
L	A	M	F	E	R	E	T	I	C	O	C	R	F	E	C
G	S	S	E	C	E	R	C	E	N	T	A	A	E	C	R
I	D	A	S	C	A	O	Ô	I	E	S	N	N	S	C	S
D	S	C	L	G	B	N	A	F	E	Í	S	S	L	G	S
M	A	R	A	I	F	D	F	A	D	G	X	V	A	I	M
M	A	I	R	Í	O	A	B	B	A	S	E	E	R	Í	E
N	F	S	A	T	G	S	R	B	D	O	R	R	A	T	C
I	A	T	Ó	L	I	L	E	Z	B	R	S	S	Ó	L	Â
T	M	A	E	A	S	O	A	F	E	Ã	X	A	E	A	N
I	I	A	F	E	T	I	C	O	A	S	A	I	F	E	I
C	T	G	C	O	C	E	N	T	R	Ó	I	S	C	O	C
A	A	O	E	R	Ç	H	Á	O	Z	P	D	T	E	R	A
U	N	S	O	O	U	N	S	S	C	O	E	S	O	O	S
R	D	E	H	Z	T	E	Z	O	N	T	S	Ó	B	M	F
G	Ô	L	N	I	A	S	D	F	E	R	E	O	N	I	O
I	R	A	T	B	S	S	O	M	O	S	T	G	T	B	G
A	A	M	P	L	I	T	U	D	E	O	S	S	O	M	S
E	C	E	R	A	E	C	G	R	U	S	S	L	R	A	L
G	O	Z	I	D	G	O	Í	Ô	G	A	L	I	I	D	I
P	E	R	Í	O	D	O	S	O	M	O	S	S	O	O	S
R	D	E	B	M	R	D	S	S	N	T	R	Ó	B	M	Ó
M	A	T	O	O	M	A	K	E	K	M	S	S	O	O	S
L	O	N	G	I	T	U	D	I	N	A	I	S	L	I	E
U	N	S	O	O	U	N	S	S	C	O	A	S	O	O	S
R	D	V	A	L	E	D	I	T	J	R	O	O	B	M	Ó

a) As _____ transportam energia, mas não carregam matéria.

b) Uma _____ pode fazer com que a água oscile verticalmente – para cima e para baixo.

c) As ondas _____ se propagam em meios materiais.

d) As ondas _____ possuem a direção da vibração perpendicular à direção de propagação.

e) As ondas _____ possuem a direção de vibração coincidente com a direção de propagação.

f) A _____ equivale à distância entre uma crista ou um vale e o ponto de equilíbrio.

g) O _____ é o tempo que a onda leva para executar uma oscilação completa.

h) A _____ é o ponto de maior perturbação da onda.

i) O _____ é o ponto de menor perturbação da onda.

7. Escolha as palavras do quadro para completar corretamente a frase a seguir.

> mecânicas   eletromagnéticas   frequência   ultravioleta   comprimento de onda   vácuo

As ondas sonoras são classificadas como _____, sendo que as de maior _____ têm menor _____.

Já as ondas que formam a luz são classificadas como ondas _____, um tipo de onda que pode se propagar no _____. Outro exemplo desse tipo de onda são os raios _____, provenientes do Sol.

8. Observe a imagem a seguir e responda às questões, considerando que cada quadradinho é uma unidade.

a) Qual é a amplitude dessa onda?
_____

b) Qual é o comprimento de onda?
_____
_____

c) Sabendo que a velocidade dessa onda é de 10 unidades por segundo, calcule sua frequência.
_____
_____
_____

9. Leia o texto a seguir e responda à questão.

"O Japão fica sobre o chamado Anel de Fogo do Pacífico, uma das zonas sísmicas mais ativas do mundo, e sofre terremotos com relativa frequência, razão pela qual suas infraestruturas estão especialmente projetadas para suportar os tremores."

Disponível em: <https://brasil.elpais.com/brasil/2018/06/18/internacional/1529293295_467074.html>. Acesso em: 25 set. 2018.

- Qual é o fenômeno responsável pelos terremotos? Como eles se propagam?

_____

_____

10. Observe a imagem e complete o texto a seguir.

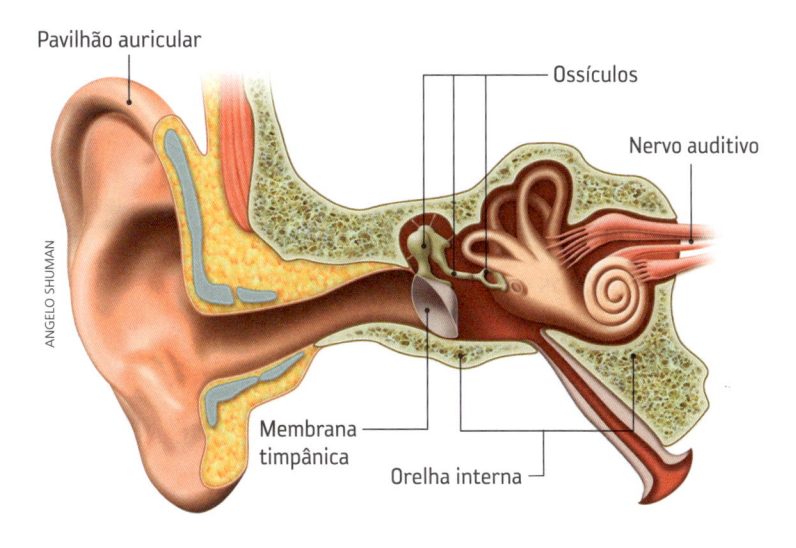

- Quando a _____ atinge o sistema auditivo de uma pessoa, faz vibrar sua _____. Essas vibrações são então transmitidas para a _____ por meio dos _____. Células especializadas transfomam as vibrações em impulsos nervosos, transmitidos ao encéfalo pelo _____.

11. Relacione os conceitos às respectivas aplicações médicas.

A) Ressonância magnética nuclear
B) Ultrassonografia
C) Tomografia
D) Radiografia

( ) Os raios atravessam o corpo e atingem o filme fotográfico, os ossos absorvem essas radiações e formam "sombras" no filme.

( ) Utiliza um som de alta frequência que é enviado através do corpo e parcialmente refletido pelas estruturas.

( ) Campos magnéticos intensos e ondas de rádio interagem com átomos de hidrogênio no corpo humano, possibilitando gerar imagens detalhadas do interior dos órgãos.

( ) Diferentes detectores sensíveis a raios gama, raios X e feixes de elétrons podem ser usados para formar uma imagem tridimensional do interior do corpo.

12. Analise o espectro eletromagnético, leia as frases e preencha a cruzadinha.

ESPECTRO ELETROMAGNÉTICO

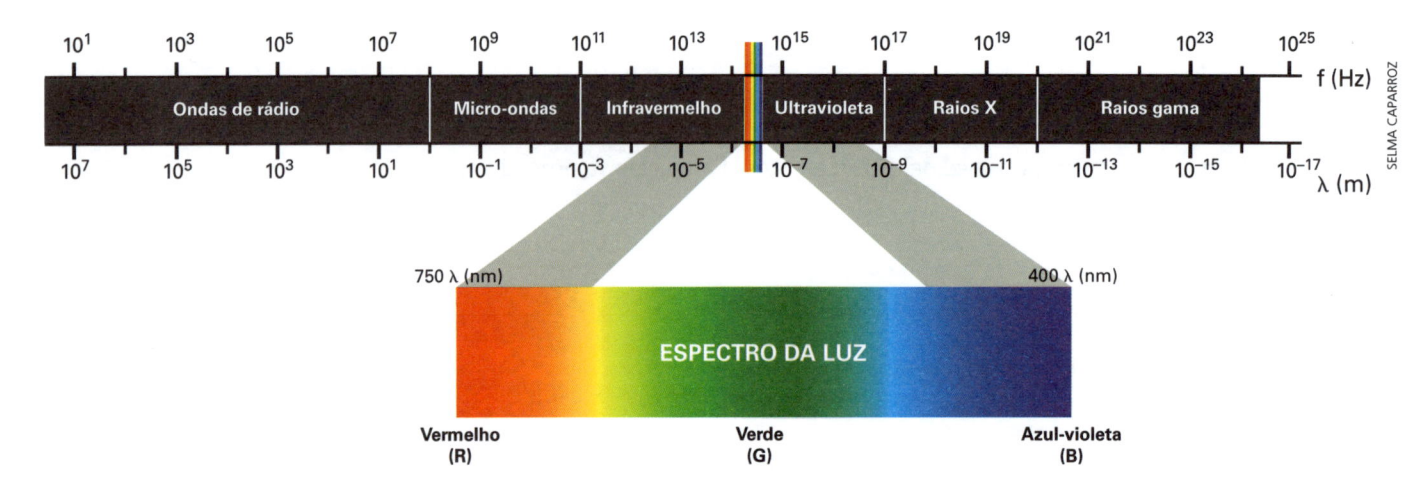

1. São as ondas eletromagnéticas com comprimento de onda entre 10^{-3} m e 1 m.
2. É a radiação eletromagnética à qual o olho humano é sensível.
3. São as ondas eletromagnéticas com comprimento de onda entre 10^{-12} m e 10^{-9} m.
4. São as ondas eletromagnéticas com comprimentos de onda menores que 10^{-12} m.
5. O Sol é uma fonte dessa radiação, mas a maior parte dessa é absorvida pelo ozônio da atmosfera terrestre.
6. São usadas para transportar as informações das emissoras de rádio e TV, tendo comprimentos de onda entre 1 m e 10^7 m.

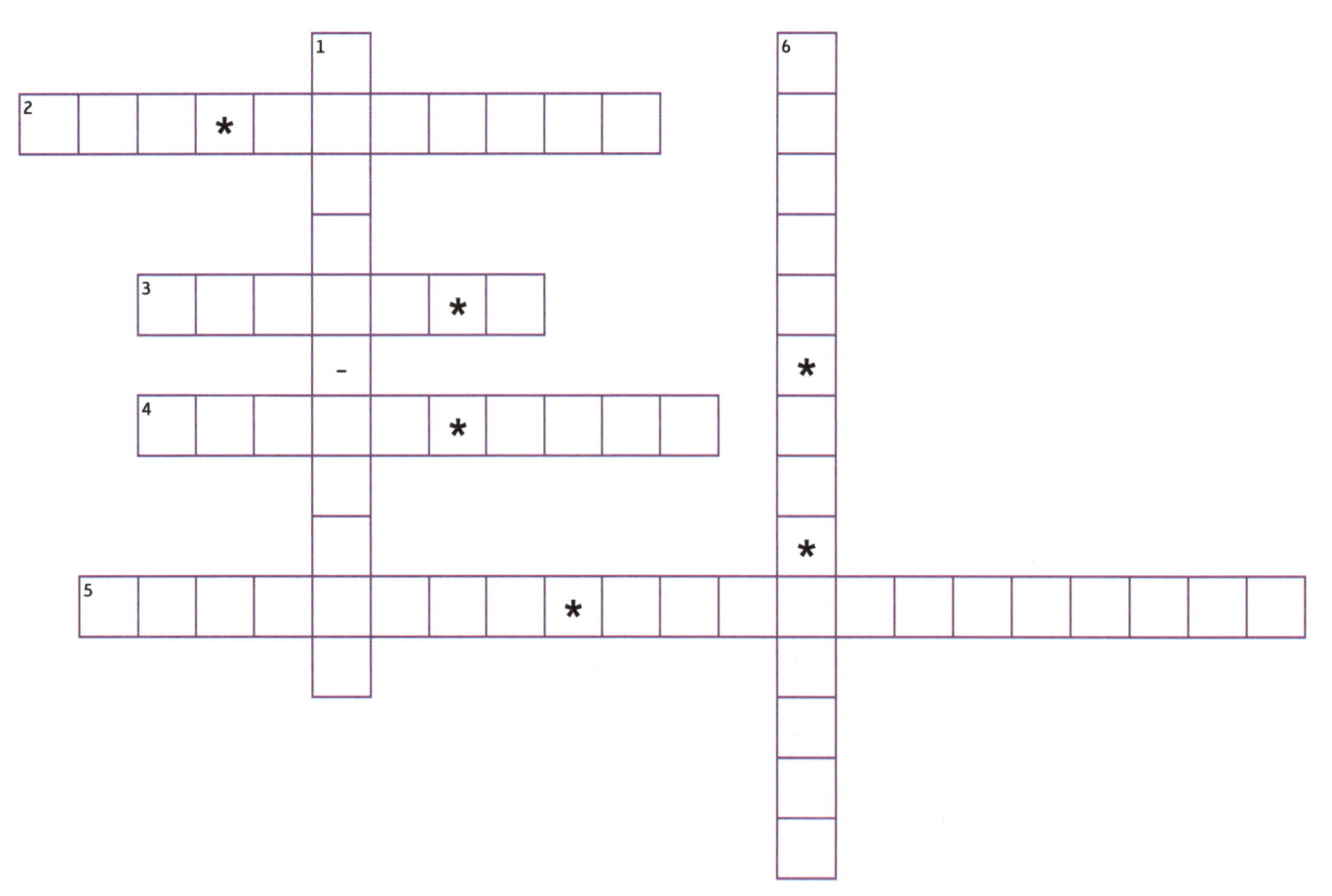

13. Para fazer ligações utilizando um aparelho celular, ele deve estar ligado a uma estação de comunicação, onde estão localizadas antenas que estão ligadas à central de telefonia.

Sabendo disso, responda à questão.

- Qual é o tipo de onda que faz a ligação entre o celular e essas antenas?

_____

14. Em dias de tempestade, podemos observar um clarão, o relâmpago, seguido de um forte barulho, o trovão. Por que vemos primeiro o relâmpago e só depois ouvimos o trovão?

_____

_____

_____

15. O prisma permite a decomposição da luz do Sol em diversas cores. Cada uma delas correspondente a um intervalo de comprimentos de onda. Sabendo disso, responda à questão.

- Quais são as sete cores resultantes da decomposição da luz branca?

_____

_____

_____

16. Observe a seguir a bandeira do Estado do Acre.

- O que aconteceria com as cores da bandeira do Acre se ela fosse colocada em um ambiente onde a iluminação é feita por uma lâmpada vermelha?

_____

_____

_____

UNIDADE 6 GENÉTICA

RECAPITULANDO

- A **genética** é o ramo da biologia que estuda os padrões de **hereditariedade**.
- Nas células eucarióticas, o material genético, **DNA**, está no núcleo.
- O DNA tem formato de dupla-hélice e é formado por um tipo de **açúcar**, **fosfato** e **quatro tipos de bases nitrogenadas** – **adenina**, **guanina**, **citosina** e **timina**. A sequência de bases nitrogenadas de todas as moléculas de DNA de um ser vivo é denominada **genoma**.
- **Genes** são uma região do DNA responsável pela formação de um **RNA**, que é formado por uma fita simples composta por um tipo de açúcar, fosfato e quatro tipos de bases nitrogenadas, que são as mesmas do DNA, com exceção da timina, que é substituída por **uracila**.
- Uma molécula de DNA forma um **cromossomo**. O número de cromossomos no núcleo varia de acordo com a espécie.
- **Células diploides** possuem pares de cromossomos homólogos, já as **células haploides** possuem um cromossomo de cada par.
- As células podem passar por dois processos distintos de divisão celular: a **mitose** e a **meiose**.
- Indivíduos com alelos (versões de um gene) iguais são chamados de **homozigotos** e indivíduos com alelos diferentes são chamados de **heterozigotos**.
- Os alelos podem ser **dominantes** ou **recessivos**.
- O sangue humano pode ser estudado pelo **sistema ABO** e o **Rh**.
- Cada genótipo (conjunto de genes) sanguíneo representa disposições diferentes de proteínas nas hemácias, o que influencia na doação de sangue.
- A genética é uma área bastante estudada e tem projetos e técnicas como a **clonagem**, a **genômica**, a **tecnologia do DNA recombinante**, entre outras, influenciando na produção de diversos compostos e organismos.

1. Preencha as lacunas com os termos do quadro a seguir, compondo conceitos-chave de genética.

| RNA | núcleo | uracila | gene | timina |

a) Cada _____ é responsável pela produção de uma molécula de RNA.

b) O material genético é armazenado no _____ em células eucariontes.

c) A base nitrogenada que só existe no DNA é a _____, já no RNA é a _____.

d) As moléculas de _____ orientam a produção das proteínas.

52

2. Encontre no diagrama termos relacionados à genética. Depois, utilizando-os, complete as lacunas das frases a seguir.

C	R	O	M	Á	T	I	D	E	S	-	I	R	M	Ã	S
A	S	D	F	E	R	B	F	A	O	I	Í	O	F	E	O
G	Ó	V	U	L	O	D	O	A	O	S	T	G	U	L	G
O	C	W	A	D	E	R	F	A	G	A	E	I	A	D	I
L	A	M	F	E	R	E	T	I	C	O	S	C	F	E	C
G	S	S	E	C	E	R	C	E	N	T	P	R	E	C	R
I	D	A	S	C	A	G	Ô	I	-	S	E	S	S	C	S
D	S	A	-	G	B	E	A	F	E	Í	R	S	L	G	S
G	A	O	A	I	F	N	F	A	D	G	M	W	A	I	A
E	A	T	R	Í	O	E	B	B	A	S	A	S	R	Í	U
N	F	S	A	T	G	S	R	B	D	O	T	D	A	T	T
É	A	G	Ó	L	I	L	E	Z	B	R	O	S	Ó	L	O
T	M	R	E	A	S	O	A	F	E	Ã	Z	A	E	A	S
I	I	A	F	E	T	I	C	O	A	S	O	A	F	E	S
C	T	G	C	O	C	E	N	T	R	Ó	I	F	C	O	O
A	A	O	E	R	Ç	H	Á	O	Z	P	D	A	E	R	M
U	N	S	O	-	U	N	S	S	C	O	E	S	O	O	O
R	D	E	H	Z	T	E	Z	O	N	T	S	Ó	B	M	S
A	C	R	O	M	O	S	S	O	M	O	S	S	O	M	S
G	O	Z	I	D	G	O	Í	Ô	G	A	-	I	I	D	I
H	E	T	E	R	O	S	S	O	M	O	S	S	O	O	S
R	D	E	B	M	R	D	S	S	N	T	R	Ó	B	M	Ó
D	U	P	L	I	C	A	Ç	Ã	O	O	R	E	L	I	E
U	N	S	O	O	U	N	S	S	C	O	A	S	O	O	S
R	D	H	E	R	E	D	I	T	Á	R	I	O	B	M	Ó

a) A _____ é o ramo da biologia que estuda a hereditariedade.

b) O gameta feminino é chamado de _____ e o gameta masculino é o

_____.

c) Os _____ são filamentos compactados e enovelados compostos de moléculas de DNA.

d) Quando ocorre a _____ do DNA, e os cromossomos passam a ser formados pelas

_____.

e) Os _____ carregam as informações sobre o sexo do indivíduo.

f) Os cromossomos que estão igualmente presentes em machos e fêmeas são denominados _____ .

g) O material genético e _____ dos seres vivos é o DNA.

h) Os _____ localizam-se em regiões determinadas dos cromossomos.

3. A mulher possui 44A + XX cromossomos e o homem 44A + XY. Sabendo disso, faça um esquema simplificado, indicando os tipos de gametas produzidos por eles.

4. Com base na atividade 3, responda à questão.

- Em caso de fecundação, quais seriam as possíveis combinações dos gametas?

_____
_____
_____

5. O quadro a seguir traz um cruzamento de plantas homozigotas para a característica "cor da vagem". Sabendo que o alelo que condiciona a cor amarela é recessivo, complete o quadro.

Cruzamento I: plantas puras	Vagens verdes	Vagens amarelas
Planta homozigota	Alelos	Alelos

a) Qual é o genótipo e o fenótipo dos descendentes produzidos no cruzamento I?

_____
_____
_____

b) Duas plantas originadas no cruzamento I foram cruzadas entre si. Preencha os quadros a seguir com os dados a respeito desse cruzamento.

Cruzamento II: plantas híbridas	Cor da vagem: _____			
Planta _____	Alelos			
Resultado do cruzamento II	Vagem verde Alelos _____	Vagem verde Alelos _____	Vagem verde Alelos _____	Vagem amarela: Alelos _____
	Planta _____	Planta heterozigota _____	Planta heterozigota _____	Planta _____

6. A imagem a seguir é de um selo alemão comemorativo ao centenário da morte de Gregor Mendel (1884). Nele está representado o cruzamento entre plantas de ervilha-de-cheiro (RR × rr) que serviu de base para os estudos de genética. Sabendo que as flores das ervilhas-de-cheiro podem ser brancas ou púrpuras, faça o que se pede.

a) Indique o genótipo e o fenótipo das plantas resultantes desse cruzamento.

_____

_____

b) Quais são os possíveis alelos de uma planta com flores púrpuras?

_____

_____

c) Identifique os possíveis genótipos e fenótipos resultantes dos cruzamentos a seguir.

- RR x Rr

  _____
  _____
  _____
  _____

  Diagrama de resolução

- rr x Rr

  _____
  _____
  _____
  _____

  Diagrama de resolução

- Rr x Rr

  _____
  _____
  _____
  _____

  Diagrama de resolução

7. Cruzando-se ervilhas verdes com ervilhas amarelas, teremos indivíduos com os seguintes genótipos: Vv (50%) e vv (50%). Sabendo disso, quais são os genótipos dos pais?

_____
_____
_____
_____

Diagrama de resolução

8. Leia as afirmações e defina-as como fenótipo ou genótipo.

a) Maria tomou muito sol e ficou bronzeada.   ( ) Fenótipo   ( ) Genótipo

b) Ninguém na família de João é capaz de enrolar a língua.   ( ) Fenótipo   ( ) Genótipo

c) Por enrolar a língua, a família de João possui um alelo dominante.   ( ) Fenótipo   ( ) Genótipo

d) Os pais de Mário não têm furo no queixo, mas ele tem.   ( ) Fenótipo   ( ) Genótipo

e) Mário é homozigoto recessivo para a característica furo no queixo.   ( ) Fenótipo   ( ) Genótipo

9. Levando em consideração o sistema ABO, relacione os casais aos respectivos filhos.

CASAIS	FILHOS
I. O × O	( ) B
II. AB × O	( ) O
III. AB × AB	( ) AB

10. O quadro a seguir mostra a compatibilidade para transfusões sanguíneas no sistema ABO. Complete-o.

COMPATIBILIDADE PARA TRANSFUSÕES SANGUÍNEAS – SISTEMA ABO		
Grupo sanguíneo	Pode receber de	Pode doar para
_____	A e O	A e AB
B	_____	_____
_____	A, B, AB e O	_____
_____	_____	A, B, AB e O

11. No banco de sangue da cidade de Maceió (AL), há no estoque: 6 litros de sangue do tipo A, 3 litros do tipo B, 3 litros do tipo AB e 8 litros do tipo O. Sabendo disso, calcule quantos litros de sangue os pacientes a seguir teriam disponíveis para transfusão sanguínea.

a) Paciente tipo A.

b) Paciente tipo B.

c) Paciente tipo AB.

d) Paciente tipo O.

12. Complete as frases sobre engenharia genética e depois preencha a cruzadinha.

1. O _____ é uma molécula circular de DNA, isolada do DNA cromossômico, presente em bactérias.

2. A ovelha _____ foi o primeiro clone de um mamífero.

3. Os _____ são organismos que têm genes de outras espécies no seu genoma.

4. A _____ dá origem a organismos geneticamente idênticos.

5. DNA _____ é o termo utilizado para a técnica que utiliza DNA de origens distintas.

UNIDADE 7 EVOLUÇÃO BIOLÓGICA

RECAPITULANDO

- Durante anos, acreditou-se que os seres vivos eram imutáveis e que as espécies se mantinham inalteradas ao longo das gerações. Essa ideia era conhecida como **fixismo**.
- Diversas evidências indicaram que os seres vivos passavam por diversas mudanças ao longo das gerações. Essas ideias são conhecidas como **evolucionismo**.
- O naturalista francês Jean-Baptiste Pierre Antoine de Monet (1744-1829), conhecido por seu título de Cavaleiro de Lamarck, propôs uma teoria sobre as transformações das espécies. Segundo essa teoria, as partes corpóreas mais usadas pelos seres vivos se desenvolveriam, enquanto as menos utilizadas atrofiariam, o que ficou conhecido como **lei do uso e desuso**. A teoria de Lamarck também incluía a **lei da transmissão (ou herança) dos caracteres adquiridos**, que afirmava que as modificações de estruturas decorrentes do uso e do desuso poderiam ser passadas para as próximas gerações.
- A **Teoria de Darwin e Wallace** propunha que a evolução das espécies ocorria através da **seleção natural**, um processo que atua ao longo de várias gerações, no qual são selecionadas características vantajosas em determinado ambiente.
- A **Teoria sintética da evolução** tem como base a teoria de Darwin e Wallace associada à genética para explicar a **variabilidade** e a **hereditariedade**.
- O isolamento de grupos de uma mesma espécie pode levar à formação de novas espécies ao longo do tempo, processo denominado de **especiação**. Isso ocorre quando os grupos não conseguem mais se reproduzir entre si ou gerar descendentes férteis.
- **Árvores filogenéticas** são diagramas que contam a história evolutiva dos seres vivos, explicando a relação de parentesco entre grupos de seres vivos e já extintos.
- A existência de **fósseis** e a presença de estruturas anatomicamente semelhantes em seres vivos são evidências do **processo evolutivo**.
- As **evidências anatômicas** da evolução se dão através dos **órgãos homólogos** – são anatomicamente semelhantes e têm origem e desenvolvimento similares – e dos órgãos **análogos** – possuem a mesma função, mas têm origens distintas.
- **Biodiversidade** é a variabilidade existente entre indivíduos de uma mesma espécie e também a diversidade de espécies em um mesmo ambiente.
- As atividades humanas impactam nos ambientes naturais, prejudicando a sobrevivência. Uma das formas de proteger a biodiversidade é por meio da implantação de **Unidades de Conservação** (UC), áreas que apresentam características naturais relevantes e que são legalmente delimitadas com o intuito de preservar o patrimônio biológico existente.

1. Complete o diagrama com as ideias evolucionistas de Lamarck.

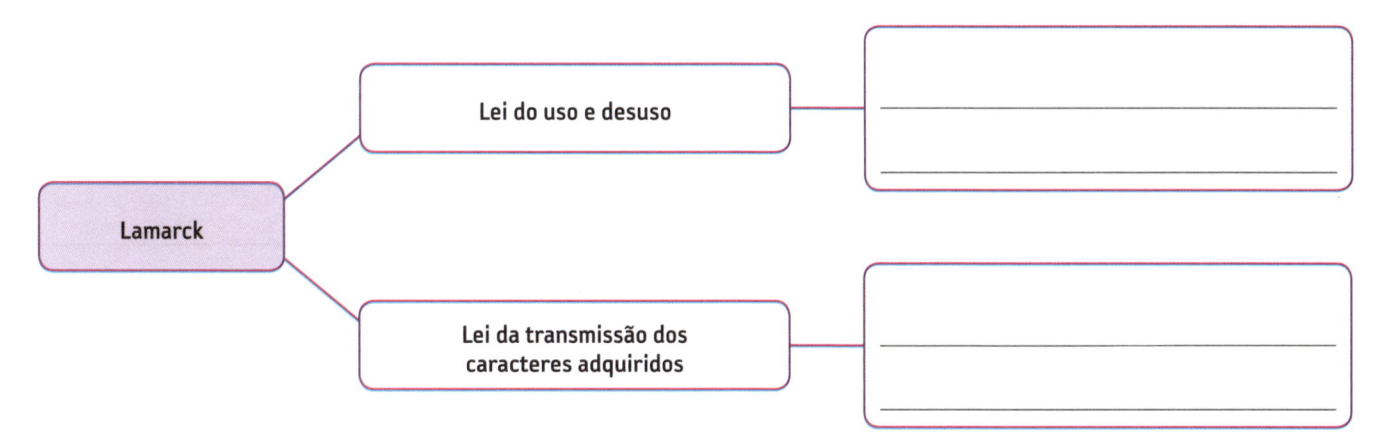

Lamarck
- Lei do uso e desuso → _____
- Lei da transmissão dos caracteres adquiridos → _____

2. Relacione os termos às sentenças.

I. Variabilidade

II. Hereditariedade

III. Seleção natural

( ) Está relacionada à transmissão de características às próximas gerações.

( ) É um processo no qual características favoráveis em um determinado ambiente são selecionadas.

( ) Pode ser observada quando indivíduos de uma mesma população têm características diferentes.

3. Complete o diagrama com as observações de Darwin em cada localidade.

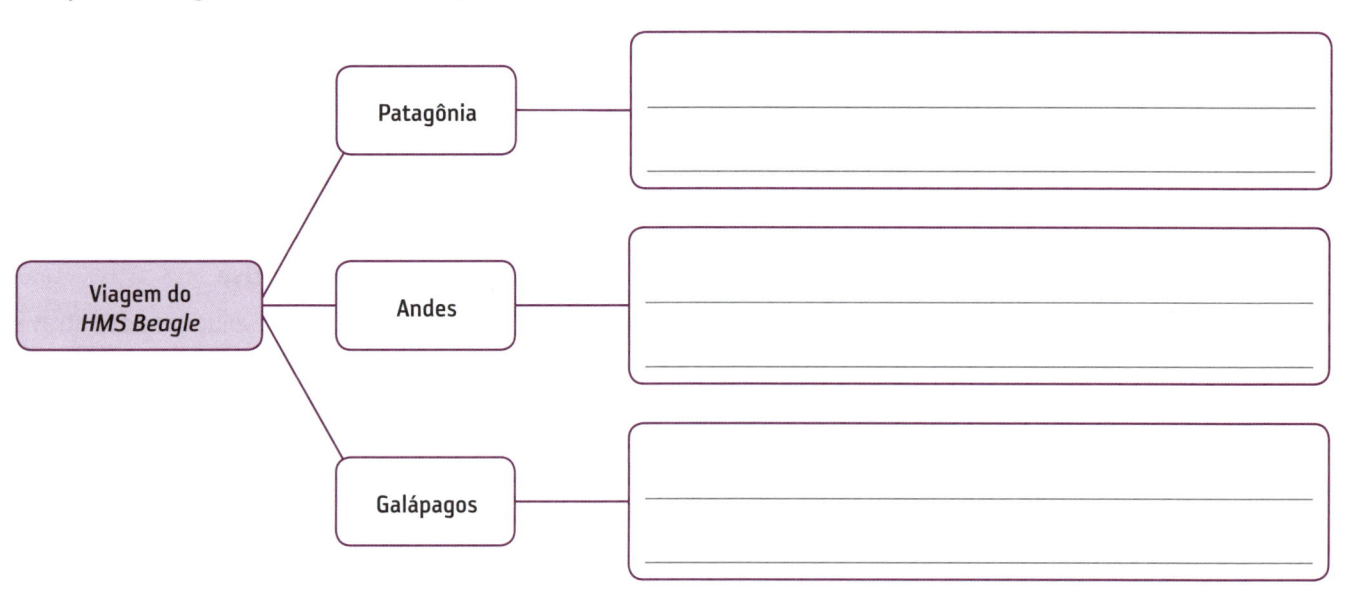

Viagem do *HMS Beagle*
- Patagônia: ___
- Andes: ___
- Galápagos: ___

4. Ligue os princípios da teoria de seleção natural às respectivas definições.

| Surgimento de novas espécies | Em determinadas condições, características hereditárias diferentes podem apresentar vantagens, e ser passadas aos descendentes. |

| Variabilidade | Ao longo do tempo, as populações vão se modificando, podendo surgir grupos com características distintas. |

| Seleção pelo ambiente | Naturalmente, os indivíduos de uma mesma espécie podem ter características hereditárias diferentes. |

5. Leia as premissas da teoria de Darwin-Wallace e, depois, descreva como a teoria sintética da evolução as explica.

> Os seres vivos são naturalmente diferentes dentro de uma espécie.

_____
_____

> Características são passadas de geração para geração.

_____
_____

6. Ordene as etapas de um hipotético processo de especiação.

( ) Uma barreira geográfica se forma entre as populações, transformando-as em duas.

( ) Indivíduos de uma mesma população vivem juntos e apresentam diferenças entre si – variabilidade.

( ) As condições ambientais são distintas para as duas populações, selecionando características diferentes.

( ) O isolamento reprodutivo surge com as alterações que ocorrem na espécie original.

7. Analise as imagens a seguir e responda à questão.

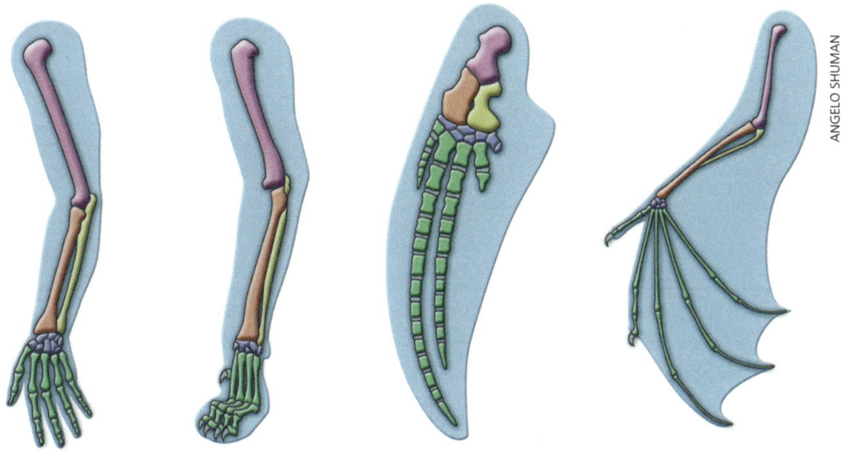

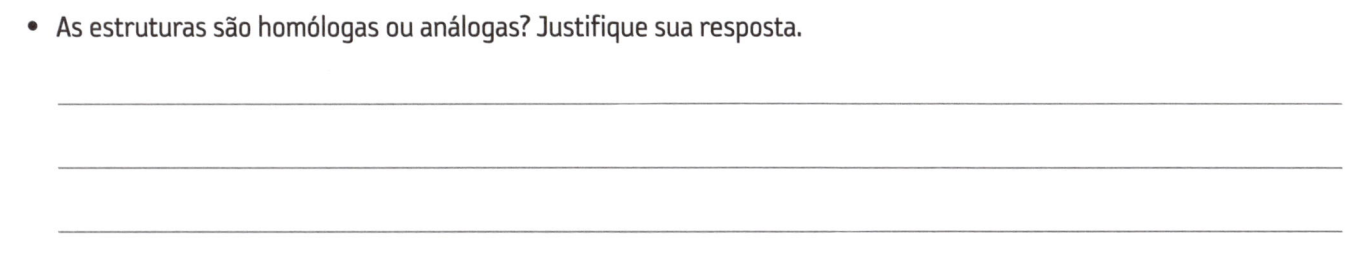

- As estruturas são homólogas ou análogas? Justifique sua resposta.

_____
_____
_____

8. Observe a imagem a seguir e responda às questões.

a) O que está mostrado na imagem?

_____

_____

b) Em que locais a maior parte desses registros é encontrada?

_____

_____

c) Qual a importância desse tipo de registro para a Ciência?

_____

_____

_____

_____

9. Preencha o diagrama a seguir com a descrição e as categorias de cada tipo de Unidade de Conservação.

Unidades de proteção integral

Descrição:

_____

_____

_____

_____

Categorias:

_____

_____

_____

_____

_____

Unidades de uso sustentável

Descrição:

_____

_____

_____

_____

Categorias:

_____

_____

_____

_____

_____

10. Observe a árvore filogenética a seguir e, depois, analise as afirmações marcando (V) para as verdadeiras e (F) para as falsas.

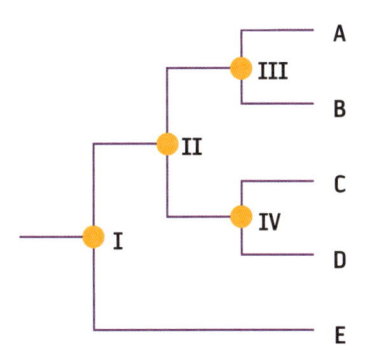

( ) A árvore filogenética não leva em conta as relações de ancestralidade comum entre os grupos.

( ) Os pontos amarelos presentes na árvore filogenética indicam o surgimento de uma nova espécie ou grupo.

( ) As espécies D e E são as que apresentam mais semelhanças entre si.

( ) A espécie A e B possuem o mesmo ancestral comum III.

( ) I é o ancestral comum a todos os grupos de seres vivos apresentados nesta arvore filogenética.

( ) Quanto mais próximo do momento presente se encontra o ancestral comum, menor é o grau de parentesco entre os grupos envolvidos.

( ) As espécies A e E aparecem posteriormente e descendem diretamente de um ancestral não compartilhado pela espécie B.

( ) A e B compartilham do mesmo ancestral comum (II) de C e D.

( ) Os pontos em amarelo marcam as divisões dos grupos em duas outras espécies ou grupos.

11. Ligue os termos órgãos homólogos e órgãos análogos aos respectivos exemplos.

Morcegos e moscas têm asas e as utilizam para voar.

A distribuição de ossos no braço de um humano e na nadadeira de um golfinho é similar.

A origem embriológica dos ossos da mandíbula e das fendas branquiais é o mesmo.

Peixes e baleias possuem estruturas para nadar.

Órgãos homólogos

Órgãos análogos

12. Encontre no diagrama termos relacionados à evolução dos seres vivos. Depois, complete as lacunas das frases a seguir, utilizando-os.

C	R	O	M	E	T	I	D	F	I	X	I	S	M	O	S
A	S	D	F	V	R	B	F	A	O	I	Í	O	F	E	O
G	N	V	U	O	O	D	O	A	O	S	T	G	U	L	G
F	C	W	A	L	E	R	F	A	G	A	E	I	A	D	I
Ó	A	M	F	U	R	E	T	I	C	O	S	C	F	E	C
S	S	S	E	C	E	R	C	E	N	T	P	R	E	C	R
S	D	A	S	I	A	G	Ô	I	E	S	E	S	S	C	S
E	S	A	L	O	B	E	A	F	E	Í	V	S	L	G	S
I	A	O	A	N	F	N	F	A	D	G	O	W	A	I	F
S	A	T	R	I	O	E	B	B	A	S	L	S	R	K	I
N	F	S	A	S	G	S	R	B	D	O	U	D	A	T	W
J	A	G	J	M	I	L	E	Z	B	R	T	S	K	L	M
T	M	R	E	O	S	O	A	F	E	M	I	A	E	A	K
I	I	A	F	E	T	I	C	O	A	S	V	A	F	E	P
C	T	G	C	O	C	E	N	T	R	Ó	O	F	C	O	N
U	N	S	O	O	U	N	S	S	C	O	E	S	O	O	A
L	A	M	A	R	C	K	Z	O	N	T	S	Ó	B	M	D
G	Ô	L	N	I	A	S	D	F	E	R	E	O	N	I	O
A	C	R	O	M	E	S	P	E	C	I	A	Ç	Ã	O	S
E	C	E	R	A	E	C	G	R	U	S	S	L	R	A	L
B	I	O	D	I	V	E	R	S	I	D	A	D	E	O	S
R	D	E	B	M	R	D	S	S	N	T	R	Ó	B	M	Ó

a) De acordo com o _____, as espécies eram imutáveis.

b) No _____, as espécies passam por transformações ao longo do tempo.

c) _____ acreditava que as modificações de estruturas decorrentes do uso e do desuso poderiam ser passadas para as próximas gerações.

d) O processo _____ por meio da seleção natural pode levar à especiação.

e) O processo de formação de novas espécies chama-se _____.

f) Os _____ são restos ou vestígios de seres que viveram no passado e ficaram preservados.

g) A _____ é a variabilidade genética entre indivíduos de uma mesma espécie e também a diversidade de espécies em um mesmo ambiente.

UNIDADE 8 TERRA E UNIVERSO

RECAPITULANDO

- **Cosmologia** é o estudo da origem e da evolução do Universo.
- Uma **constelação** é um agrupamento de estrelas que normalmente forma algum tipo de padrão reconhecido. Em 1930, a União Astronômica Internacional (IAU) delimitou oficialmente 88 regiões da esfera celeste, batizando cada uma com o nome da constelação mais conhecida presente na área delimitada. Assim, as constelações oficiais incluem estrelas, fenômenos astronômicos muito brilhantes e variados corpos celestes, entre outros.
- Os **asterismos** são quaisquer agrupamentos de estrelas tradicionalmente identificados por algum tipo de forma, mas não reconhecidos oficialmente – variam de cultura para cultura.
- O **Universo** é formado por um número estimado de 2 trilhões de galáxias, cada uma com bilhões de estrelas e planetas.
- As **galáxias** são formadas por estrelas, planetas e suas luas, cometas, asteroides, gás e poeira.
- A **Via Láctea** é uma galáxia espiral, onde se localiza a Terra.
- O **Sistema Solar** é formado pelo Sol e outros corpos celestes que orbitam essa estrela.
- O **Sol** é a estrela mais próxima da Terra e fonte de luz e calor para todos os corpos do Sistema Solar.
- **Planeta** é um astro que gira em torno de uma estrela e não emite luz, mas a reflete.
- **Satélites naturais**, também conhecidos como luas, giram em torno de um astro maior que eles. Assim como os planetas, eles apenas refletem luz.
- Mercúrio, Vênus, Terra e Marte são **planetas rochosos**. Possuem superfícies sólidas e rochosas.
- Júpiter, Saturno, Urano e Netuno não possuem superfícies sólidas como os planetas rochosos; são enormes esferas de gás a diferentes pressões. Por isso, são chamados de **planetas gasosos**.
- Os **asteroides** são corpos menores que a Lua; seu tamanho pode chegar a alguns quilômetros.
- **Meteoroides** são pequenos asteroides, geralmente fragmentos de outro corpo celeste que se deslocam pelo espaço.
- **Cometas** são compostos de gelo e poeira e têm órbitas altamente elípticas.
- As estrelas apresentam um ciclo de vida, chamado **evolução estelar**. Ele descreve as mudanças pelas quais uma estrela passa desde seu surgimento até sua extinção.
- **Habitabilidade** é a denominação dada a um conjunto de condições de um local que possibilitam o desenvolvimento da vida como a conhecemos. Fazem parte dessas condições temperatura, presença de água líquida, presença de fontes de energia e estabilidade planetária.
- As distâncias entre objetos celestes são muito grandes se comparadas às distâncias às quais o ser humano está habituado. Assim, com a tecnologia atual, a viagem para outros planetas e galáxias distantes não é possível.

1. Na imagem a seguir, temos o asterismo de Órion, que serviu de orientação e inspiração para diversas culturas. Sabendo disso, responda à questão.

- Que motivos levaram os povos antigos a observar e a estudar o céu?

_____
_____
_____
_____

2. Liste no quadro a seguir os elementos que compõem as galáxias.

```
As galáxias são formadas por:
_____
_____
_____
_____
_____
_____
```

3. As afirmações a seguir descrevem corpos celestes. Descubra a qual corpo celeste se refere cada uma delas e, depois, preencha a cruzadinha.

1. São corpos celestes menores que a Lua; seu tamanho pode chegar a alguns quilômetros.
2. É a estrela mais próxima da Terra e fonte de luz e de calor para todos os corpos do Sistema Solar.
3. São pequenos asteroides, geralmente fragmentos de outro corpo celeste que se deslocam pelo espaço.
4. São compostos de gelo e de poeira e possuem órbitas altamente elípticas.
5. São astros que giram em torno de uma estrela e não emitem luz, mas a refletem.

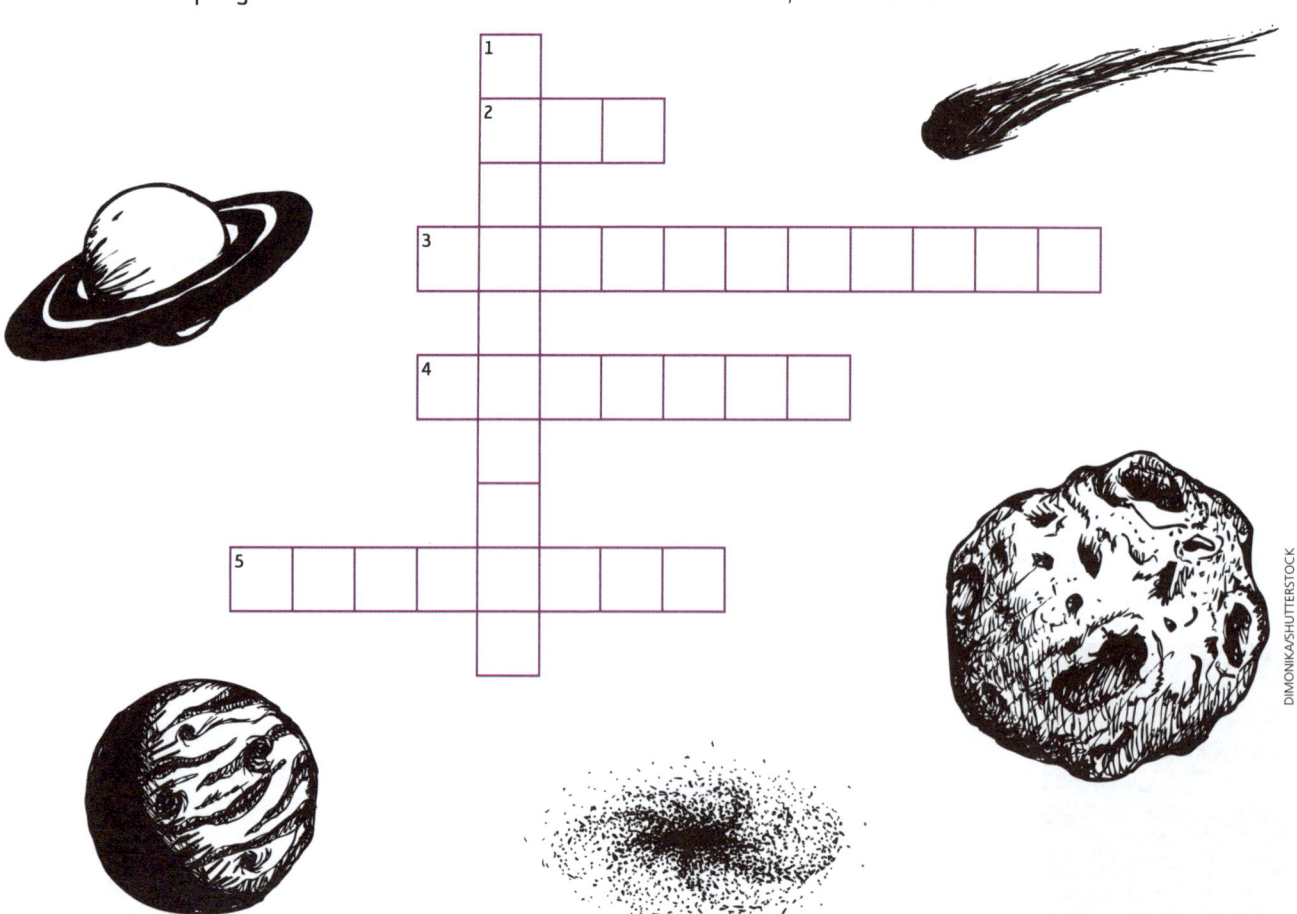

4. Observe as imagens a seguir e indique o nome de cada subsistema que compõe o Universo.

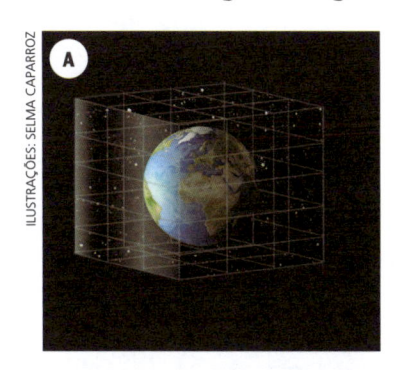

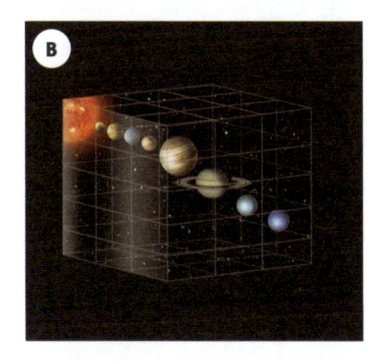

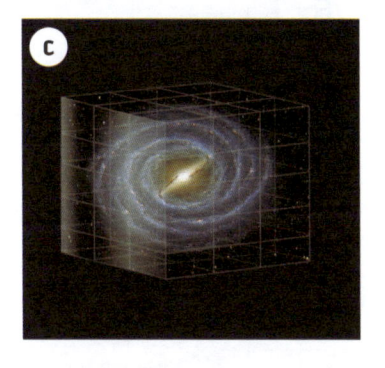

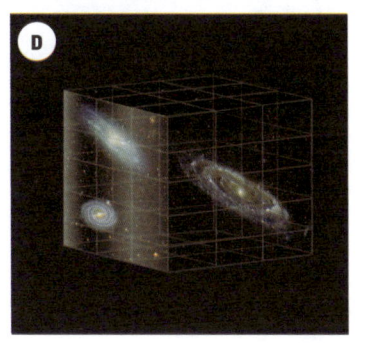

A _____

B _____

C _____

D _____

5. Relacione o corpo celeste à sua descrição.

a) Planeta

b) Planetas anões

c) Satélites naturais

( ) Também conhecidos como luas, são astros que giram em torno de um astro maior que eles.

( ) É um astro que gira em torno de uma estrela e não emite luz.

( ) No Sistema Solar, são: Ceres, Éris, Haumea, Makemake e Plutão.

6. Encontre no diagrama termos relacionados à Astronomia. Depois, complete as lacunas das frases a seguir, utilizando-os.

C	R	O	M	C	T	I	A	S	T	E	R	I	S	M	O
A	S	D	F	O	R	B	F	A	O	I	Í	O	F	E	O
G	N	V	U	S	O	D	O	A	O	S	T	G	U	L	G
S	C	W	A	M	E	R	F	A	G	A	E	I	A	D	I
O	A	M	F	O	R	E	T	I	C	O	S	C	F	E	C
L	S	S	E	L	E	R	C	E	N	T	P	R	E	C	R
M	D	A	S	O	A	G	Ô	I	E	S	U	S	S	C	S
B	S	A	L	G	B	E	A	F	E	Í	N	S	L	G	S
*	A	O	A	I	F	N	F	A	D	G	I	W	A	I	C
S	A	T	R	A	O	E	B	B	A	S	V	S	R	K	O
N	F	S	A	S	G	S	R	B	D	O	E	D	A	T	N
J	A	G	J	M	I	L	E	*	B	R	R	S	K	L	S
T	M	R	E	*	S	O	A	F	E	M	S	A	E	A	T
I	I	A	T	E	R	R	A	O	A	S	O	A	F	E	E
C	T	G	C	O	C	E	N	T	R	Ó	N	F	C	O	L
A	A	O	E	R	Ç	H	Á	O	Z	P	D	A	E	R	A
U	N	S	O	O	U	N	S	S	C	O	E	S	O	O	Ç
G	A	L	Á	X	I	A	S	O	N	T	S	Ó	B	M	Ã
G	Ô	L	N	I	A	S	D	F	E	R	E	O	N	I	O
I	R	A	T	B	S	S	O	M	O	S	T	G	T	B	G
A	C	R	O	M	M	S	J	O	C	P	A	O	Ã	O	S
E	C	E	R	A	E	C	G	R	U	*	S	L	R	A	L
G	O	Z	I	D	G	O	Í	Ô	G	A	L	I	I	D	I
V	R	T	P	L	A	N	E	T	A	X	R	F	C	O	S
R	D	E	B	M	R	D	S	S	N	T	R	Ó	B	M	Ó
M	A	T	O	O	M	A	K	E	K	M	S	S	O	O	S
S	I	S	T	E	M	A	*	S	O	L	A	R	L	I	E

a) _____ é o estudo da origem e da evolução do Universo.

b) Uma _____ é uma área da esfera celeste reconhecida oficialmente.

c) Um _____ é qualquer agrupamento de estrelas tradicionalmente reconhecido por algum tipo de forma, mas não reconhecido oficialmente.

d) O _____ tem diversas galáxias, cada uma com bilhões de estrelas e planetas.

e) As _____ são formadas por estrelas, planetas e suas luas, cometas, asteroides, gás e poeira.

f) A _____ está localizada no Sistema Solar, cuja estrela é o _____.

g) O _____ é o sistema planetário do Sol.

h) Para ser classificado como _____, um objeto celeste deve ser aproximadamente esférico e ser o corpo celeste dominante na sua trajetória.

7. Leia as afirmações sobre as condições para um planeta ser considerado habitável. Em seguida, marque (V) para as verdadeiras e (F) para as falsas.

( ) Ter fontes de energia (luz estelar, calor interno ou energia química) para manter o metabolismo dos seres vivos.

( ) Não é necessária a existência de fontes de calor; por isso, a temperatura média pode ser abaixo de 0 °C.

( ) Ser estável e ter durabilidade de bilhões de anos, para que a vida possa se desenvolver.

( ) A presença de água líquida não é necessária, pois as reações químicas e outros processos orgânicos não são essenciais para a vida.

8. Observe as imagens a seguir e complete as frases.

a) _____ são astros que não emitem luz e giram em torno de um astro maior que eles.

b) Os _____ são fragmentos rochosos e metálicos menores que a Lua; seu tamanho pode chegar a alguns quilômetros.

c) Os _____ são objetos compostos de materiais voláteis congelados e têm órbitas altamente elípticas.

9. Observe a imagem a seguir e responda às questões.

a) Qual é o corpo celeste mostrado em destaque nessa imagem?
_____
_____

b) Qual é a composição desse corpo celeste?
_____
_____
_____

c) Por que esse corpo celeste brilha no céu noturno?
_____
_____
_____
_____
_____
_____
_____
_____

10. Complete o quadro com informações sobre os planetas do Sistema Solar.

Posição em relação à proximidade com o Sol	Planeta	Tipo de planeta
_____	Urano	_____
1º	_____	_____
_____	Júpiter	_____
3º	_____	Rochoso
6º	_____	_____
_____	Vênus	_____
4º	_____	_____
8º	_____	_____

11. Relacione as etapas do ciclo de vida de uma estrela média às respectivas características.

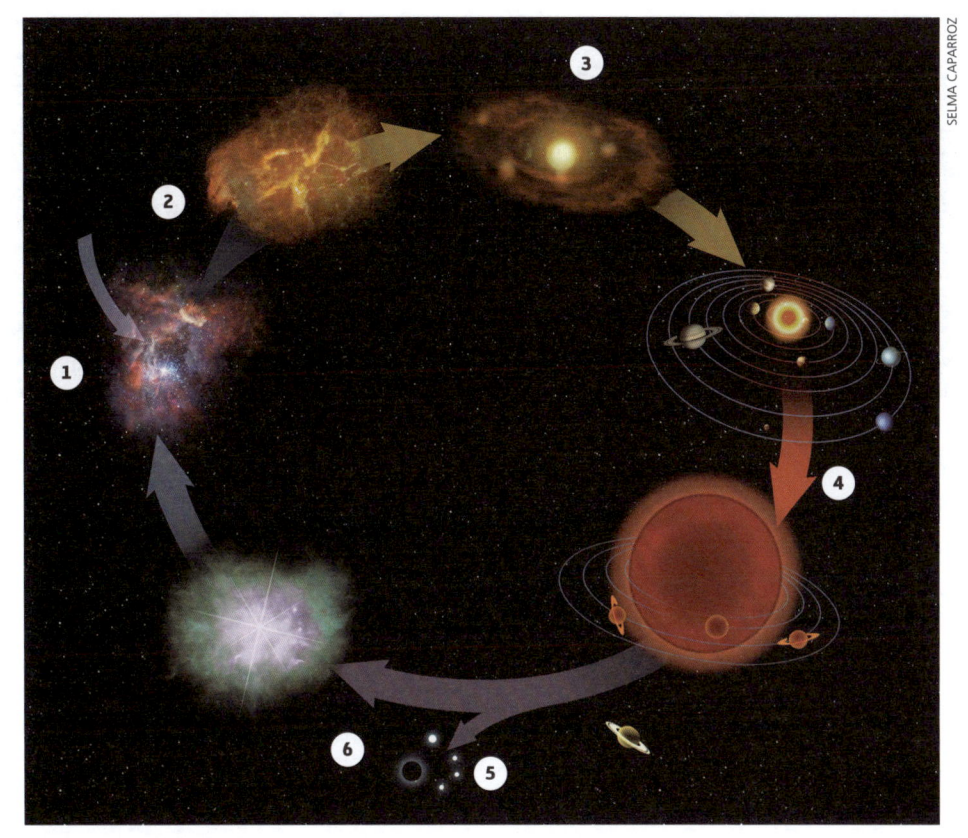

Representação esquemática da etapas do ciclo de vida de uma estrela média, como o Sol. (Imagem fora de escala; cores-fantasia.)

Fonte: Goldsmith, D. The far, far future of stars. *Sci Am*, v. 306, p. 37, 2012.

( ) A estrela se transformará em um corpo celeste chamado anã negra, que não brilha, não produz energia e é frio, denso e escuro.

( ) As estrelas nascem em nuvens interestelares, compostas de gases e de poeira.

( ) A estrela ejetará a maior parte de seu material formando uma nebulosa planetária e terminará o ciclo de evolução estelar como uma anã branca.

( ) Ao redor da protoestrela, pode haver um disco de matéria que dará origem a outros corpos celestes, como planetas.

( ) A estrela torna-se gigante vermelha, englobando planetas que estão nas órbitas mais próximas, enquanto outros escapam de suas órbitas.

( ) As estrelas geralmente permanecem nessa fase durante cerca de 90% de sua vida. É nesse período que termina a formação dos sistemas planetários.

12. Ligue os tipos de estrela às respectivas definições.

Supergigantes	São estrelas de massa menor que a metade da massa solar.
Anãs vermelhas	São estrelas de massa pequena, menor que 10% da massa do Sol.
Anãs marrons	São estrelas com massa acima de 8 massas solares.

13. Observe a imagem a seguir e faça o que se pede.

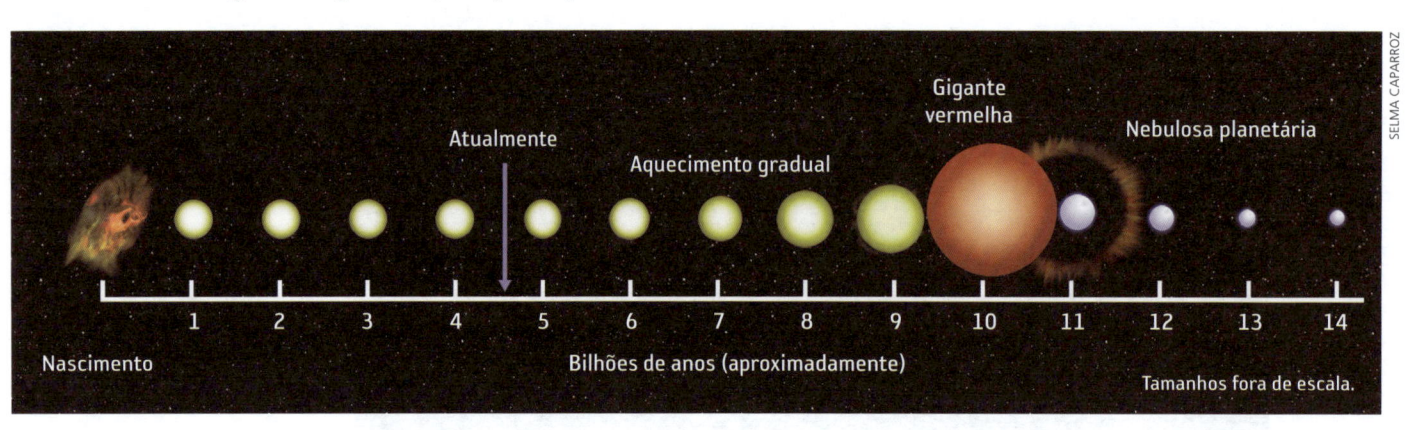

a) O que a imagem representa?

_____
_____
_____

b) Liste as fases do ciclo estelar que são possíveis de se observar na imagem.

_____
_____
_____

c) Considerando o Sistema Solar e sua relação com a ilustração, explique o que acontecerá com a Terra daqui a 5 bilhões de anos.

_____
_____
_____

d) Todas as gigantes vermelhas ocorrem aproximadamente 10 bilhões de anos após o nascimento? Justifique sua resposta.

_____
_____
_____

e) O que acontece com uma estrela após o estágio de anã branca?

_____
_____